El amor como enemigo

El amor como enemigo

Alejandro Cardona Casanova

Número de Control de la Biblioteca del Congreso de EE. UU.:   2016916741
ISBN: Tapa Dura   978-1-5065-1695-0
              Tapa Blanda   978-1-5065-1696-7
              Libro Electrónico   978-1-5065-1697-4

Información de la imprenta disponible en la última página.

Fecha de revisión: 19/11/2016

Para realizar pedidos de este libro, contacte con:
Palibrio
1663 Liberty Drive, Suite 200
Bloomington, IN 47403
Gratis desde EE. UU. al 877.407.5847
Gratis desde México al 01.800.288.2243
Gratis desde España al 900.866.949
Desde otro país al +1.812.671.9757
Fax: 01.812.355.1576
ventas@palibrio.com
727439

DEDICATORIA

Quiero dedicar este libro a toda mi familia grande y linda que Dios, me ha permitido tener. Nuestras vidas es una acumulación de experiencias vividas, las cuales nos marcan. Dedico este libro y lo que para mí significa a mis padres, Eugenio Cardona Rodríguez y Severa Casanova Cruz. A mis hermanos Luis, Mario, Eugenia, Segunda, Alberto, Amparo, Eugenio Inés, y Elba. A todo ese núcleo familiar en el que Dios, me permitió nacer como el Benjamin, de la familia en la cual viví, crecí y me desarrollé lleno de su protección, cuidado y sobre todo por el amor que todos y cada uno de ellos me han sabido mostrar y al día de hoy los que están vivos continúan mostrando. Dios me ha permitido tal bendición y pienso que he sabido aprovecharla. Por tal razón he podido escribir este libro el cual les dedico. La humildad con la que nos criaron y el desinterés de las cosas materiales, ha sido determinante. Así como la abundancia de amor, en el seno paterno en el cual nos desarrollamos, producto de corazones dados, sencillos, y desinteresados. Gracias porque sin saberlo me supieron mostrar el amor de Dios. Todo esto producto del amor de nuestros padres. Los amo.

RECONOCIMIENTO

«*Jehová está conmigo entre los que me ayudan.*» Salmos118:7
Primeramente quiero agradecer a Dios, por permitir que
subiera a mi corazón, ese deseo de escribir lo que he escrito.
También quiero agradecer a las personas que Dios utilizó para
ayudarme a que pudiera desarrollar este libro. Agradezco
a Fernando Bastían, que fue la persona que Dios, utilizó
para confirmar el libro en el año 2013. A la hermana Awilda
Pantojas Castillo, que me exhortó a través de unas palabras
en el año 2011 **"escribe lo que Dios te está dando..."**, antes
que así lo confirmara Dios, ayudando en la corrección de los
primeros capítulos. A la pastora Jill Barlock, la cual me dijo
que tenía que tener los oídos bien abiertos para escuchar
lo que Dios tenía que decir. A los pastores Javier Acosta,
Ángel Medina, Carlos López, los cuales en predicaciones
confirmaron temas que estaba escribiendo o ya había escrito,
igual a mí concuñada Nilda Vásquez, gracias.

Gracias pastor Edwin Salado, por recordarme que en el
desierto es donde Dios nos suele llevar para hablarnos. Gracias
hermana Mary González, por tu predicación sobre el amor y tu
testimonio.

A mí concuñado Palo Robles, y mi cuñada preferida
Nélida Miranda, junto con Paola su hija gracias por la
bendición que han sido, son y seguirán siendo para nuestras
vidas.

Por último pero que siempre han estado en la primera línea a mis hijos Alejandro y Alexaidy Cardona por su apoyo y ayuda tras el respaldo.

Gracias Esposa mía Zayda Miranda Rivera, por estar conmigo mano a mano en esta inusual experiencia, que cuando le dije que escribiría un libro me motivó y alentó a hacerlo. Gracias por tus oraciones y peticiones delante de Dios, por este proyecto. Una vez más doy gracias a Dios por sus ayudas.

INTRODUCCIÓN

Este tema me viene a la mente trabajando en un restaurante llamado Valley Ranch en Houston, TX el 6 de junio del 2013. Más tarde (6/12/13), entendí que era de parte de Dios, cuando compartía la Parábola de los Talentos con el hermano Fernando Bastian. Él me contestó: "¿Porque no escribes un libro? O ¿ya lo comenzaste a escribir? Tienes talento." Sorprendido pregunté. "¿como sabes que yo estoy escribiendo un libro?" Él haciendo un ademán con sus manos y cuerpo, respondió (si mal no recuerdo): "Dios, usa a quien quiere". Definitivamente, Dios, estaba confirmando lo que ya sentía. Para diciembre del 2011 en la Academia Cristiana Manatí, la hermana Awilda Pantojas Castillo, a la cual amo mucho y a sus hijas, me regaló como presente un estuche de bolígrafo y lápiz en plata y escribió en una tarjeta lo siguiente; "Cardona, que Dios te bendiga y prospere la obra de tus manos. Escribe lo que Dios te está dando...vienen tiempos de cambios y una nueva perspectiva, te amamos". Lo que ella no sabia, solamente Dios y yo, es que siempre tuve en mi corazón escribir algún día un libro.

Estas confirmaciones en mi vida me han alentado a hacer lo que siempre había querido hacer y no lo había echo porque no era el tiempo de Dios, escribirles algo, pero de mi corazón tratando de entender asuntos que nos interesan a los que Le amamos, porque sus fundamentos son los que hacen que los justos vivamos por Él. En el salmo11:3 dice, "si fueren destruidos los fundamentos, ¿que ha de hacer el justo?" ¡Así que aquí ahí le vamos!

Capítulo 1

AMOR EN ESENCIA

Porque Dios es el que en vosotros produce así el querer como el hacer, por su buena voluntad. (Filipenses 2:13 RVR60)

No me parece ser la persona ideal para hablar sobre el tema, pero en mi corazón sentí el deseo y la necesidad de hablar sobre el tema más importante del mundo: el amor, porque DIOS, es amor expondré mi opinión sobre tan delicado, tratado, expuesto, confundido, utilizado, tergiversado y hasta aberreado tema del AMOR. Dependiendo de como sea utilizado y como se exponga y con la connotación que sea tratado, es decir con el color con el que sea pintado la exposición o el asunto tratado será interpretado el tema del amor. Cuantos libros, ensayos, novelas, cuentos, historias, películas, canciones, poemas, poesías hay; escritos de todo tipo, de toda clase. Apostaría que usted que me está leyendo podría hacer un escrito de cuatro o seis paginas sobre su opinión acerca del amor, solo de sus experiencias vividas, sintetizadas o resumidas por su corazón sin necesidad de buscar escritos para definirlo porque el amor es el amor. Aunque hay personas que nunca lo han conocido y tal vez jamas lo conozcan aunque esté en ellos. Estos no saben que esta, ni pueden expresarlo porque no han sido ejercitados en el puro conocimiento del AMOR, no lo conocen, el cual es Dios; Él es amor. El que no ama, no ha conocido a Dios; porque Dios es amor. (1 Juan 4:8 RVR60)

1

No podemos olvidar que fuimos y somos hechos a imagen y semejanza de Dios y si esto es así, entonces Él puso de sus características en nosotros cuando nos creo, es decir que el AMOR es la razón por la cual nosotros nos movemos, vivimos y somos. Eso es gracia (regalo) de Dios lo cual se muestra en el AMOR DE DIOS, en CRISTO, porque Él es amor. "Y creó Dios al hombre a su imagen, a imagen de Dios lo creó; varón y hembra los creó. (Génesis 1:27) RVR60) Cuando Dios, sopló en la nariz de Adan, para que recibiera aliento de vida juntamente estaba poniendo la capacidad de dar y recibir amor. Primero de Él, y luego de ti hacia Él, porque si lo amas entonces tu podrás dar AMOR, expresándolo hacia tu prójimo. No debemos olvidar que Dios debe ser lo primero en tu vida y a Él debemos lo mejor y eso es parte de tu alabanza hacia Él. "Entonces Jehová Dios formó al hombre del polvo de la tierra, y sopló en su nariz aliento de vida, y fue el hombre un ser viviente.» (Génesis 2:7 RVR60)

Al estar hechos de amor, debemos ir a la fuente del manantial de vida que fluye para nosotros en Dios a través de Cristo, y llenarnos bebiendo del agua de vida del manantial que es Él. Y es en su palabra donde nos limpiarnos interna y externamente por el poder que actúa en nosotros a través del amor que ha sido colocado en nosotros por su hijo Jesucristo, por su palabra y el Espíritu Santo, que hace la obra en Nosotros. "En esto se mostró el amor de Dios para con nosotros, en que Dios envió a su Hijo unigénito al mundo, para que vivamos por él." (1 Juan 4:9 RVR60)

Para poder definir lo que es AMOR, debemos entender primero que es esencia.
Definir la palabra AMOR, en su esencia humana y bíblica.

Definamos esencia; Conjunto de características permanentes e invariables que determinen la naturaleza de un ser; uno de los grandes temas filosóficos es el de la esencia del ser humano. Lo que constituye la naturaleza de las cosas y representa en ellas lo permanente e invariable.
esencia De forma resumida. (Google Dictionary)

Podemos entender entonces que lo que te compone, te forma como ser humano tu naturaleza física, sexual, intelectual, emocional, social, espiritual, ético y moral, todo ese extracto de ti como persona producirá un resultado. Y esto se llamará, esencia tuya, (tu personalidad) lo que tu eres, lo que tu das, ese olor que sale de tu composición lo cual es sinónimo de tu realidad. El olor de esa esencia es lo que impregnará tu vida y a los que te rodean, ya sea odio o amor.

Se podría decir de la esencia que esta se relaciona al olor del perfume que en su fragancia o aroma hace que sea único dependiendo de que elementos aromáticos la compongan.

La realidad es que la esencia humana y la esencia bíblica, es decir lo que Dios nos dio como ejemplo, deberían de ser lo mismo. Los cuales al final de esa realización nos llevarán a la santidad: procesos de sucesos y hechos en nuestras vidas que nos definen más con Dios, como debe de ser.

AMOR EN ESENCIA HUMANA COMO DEFINICIÓN

Los seres humanos podemos desarrollar en esencia dos tipos de actitudes: bajo una de ellas somos altruistas y colaboradores, y bajo la otra somos egoístas y competidores. Existen personas totalmente polarizadas hacia una de las dos actitudes por voluntad propia. El amor es un concepto en contraste frecuente con el odio, el desprecio o el egoísmo. No obstante, también está relativamente extendida la idea de que «solo hay un paso del amor al odio (o viceversa)», y son típicas las «peleas de enamorados», así como, en algunas personas, las relaciones patológicas de amor-odio, producidas estas últimas, según un estudio de la Universidad de Yale, por una autoestima baja.

Si bien el amor está fundado en capacidades y necesidades biológicas así como el placer sexual y el instinto de reproducción, tiene también una historia cultural. A veces se atribuye su invención a alguna tradición particular (a los sufis en el islam, a los trovadores, al cristianismo, al movimiento romántico, etcétera), pero los vestigios arqueológicos de todas las civilizaciones confirman la existencia de afecto hacia los familiares, la pareja, los niños, los coterráneos personas de una misma nacionalidad, entre otros.

La palabra española «amor» puede tener múltiples significados, que dependiendo él contexto, pueden relacionarse o diferenciarse. A menudo, otros idiomas usan diferentes palabras para expresar algunos de los variados conceptos. Las diferencias culturales al conceptualizar el amor hacen aún más difícil establecer una definición universal. En la cultura maya no existía la palabra amor para con los hijos. En piamontés no existe la palabra amor.

El Piamonte es una región nordoccidental de Italia que forma parte de la Eurorregión Alpes-Mediterráneo. Tiene 4,450,359 habitantes y su capital es turín (Google dictionary)

Estas son algunas opiniones y/o definiciones del amor humanamente hablando

Se puede resumir que el amor no es el lenguaje universal en un mundo que esta globalizado. El concepto Amor, así como la palabra no están claramente definidos.

Pienso que en la medida que el hombre se siga alejando de Dios o le siga dando la espalda a Dios, menos se va poder definir el todo de todos, AMOR, que es la esencia de la naturaleza divina de DIOS.

"¿Por qué se amotinan las gentes, y los pueblos piensan cosas vanas? Se levantarán los reyes de la tierra, y príncipes consultarán unidos contra Jehová y contra su ungido, diciendo: Rompamos sus ligaduras, y echemos de nosotros sus cuerdas «(Salmos 2:1-3 RVR60). Romper con las ligaduras de Dios es darle la espalda a Él y a sus fundamentos que nos ayudan a vivir por Él y para Él, que nos controlan, que nos conducen, que nos guían día tras día manteniéndonos en el camino correcto en las sendas de su amor.

"Si fueren destruidos los fundamentos, ¿Qué ha de hacer el justo? "(Salmos 11:3 RVR60)

AMOR EN ESENCIA BÍBLICA O DE DIOS COMO DEFINICIÓN

"El amor es sufrido, es benigno; el amor no tiene envidia, el amor no es jactancioso, no se envanece; no hace nada indebido, no busca lo suyo, no se irrita, no guarda rencor; no se goza de la injusticia, mas se goza de la verdad. Todo lo sufre, todo lo cree, todo lo espera, todo lo soporta. El amor nunca deja de ser"... (1 Corintios 13:4-8. RVR60)

porque él es el amor.

Ahora bien, para no escribir toda la Biblia, utilizaré dos versos adicionales los cuales definen muy bien el amor de Dios y es posible que usted lo sepa o lo halla oído: "Porque de tal manera amó Dios al mundo, que ha dado a su Hijo unigénito, para que todo aquel que en él cree, no se pierda, mas tenga vida eterna. Porque no envió Dios a su Hijo al mundo para condenar al mundo, sino para que el mundo sea salvo por él." (S.Juan 3:16, 17 RVR60) Es esta parte de la esencia del amor de Dios en Cristo para con nosotros, que la humanidad no acaba de entender, aunque haya esencia de Dios en ellos. Esta es la perfecta voluntad de Dios para con el hombre creado por Él y para Él desde el principio. Aquí vemos expresado el perfecto amor de Dios comprensible para el hombre que le ha recibido o le recibe.

La pregunta que nos puede venir a la mente ahora es;¿como definimos el amor para con la humanidad hablando socialmente? "Jesús le dijo: Amarás al Señor tu Dios con todo tu corazón, y con toda tu alma y con toda tu mente. Éste es el primero y grande mandamiento. Y el segundo es semejante: Amarás a tu prójimo como a ti mismo".
(S. Mateo 22:37-39 RVR60)

Nosotros tenemos que saber y entender que de los diez mandamientos, seis de ellos son para con tu prójimo; "Honra a tu padre y a tu madre, para que tus días se alarguen en la tierra que Jehová tu Dios te da. No matarás. No cometerás adulterio. No hurtarás. No hablarás contra tu prójimo falso testimonio. No codiciarás la casa de tu prójimo, no codiciarás la mujer de tu prójimo, ni su siervo, ni su criada, ni su buey, ni su asno, ni cosa alguna de tu prójimo». (Éxodo

20:12-17 RVR60) Es decir son mandamientos sociales y eso es importante para Dios, y lo debe ser para ti, porque tienes esa esencia del amor de Dios. De los dos primeros mandamientos, antes mencionados depende toda la ley y los profetas. (dijo;Cristo) (S. Mateo 22:40 RVR60). Cuando quebrantamos algunos de los mandamiento de Dios, o debo decir de nuestros mandamientos, aquellos que el señor nos legó para nuestra sana convivencia en la sociedad, nos convertimos en transgresores de la ley divina. Si hemos echo mal física o espiritualmente y estamos dañando a nuestro prójimo, al amigo, al hermano, al vecino, al conocido y al desconocido estamos pecando, porque Dios dice que lo amemos como a nosotros mismo, porque el prójimo es la imagen y semejanza de Dios.

Las cárceles de todos los países del mundo están llenas y abarrotadas de hombres mujeres y niños, sí niños y puede que le cambien el nombre a escuela industrial reformatorios, escuelas vocacionales, escuelas especiales para niños con problemas etc, que en cierta medida son cárceles o pre-cárceles. Y todo esto es falta de amor o el amor mal infundado por el desconocimiento del manantial del puro amor o de ese amor, Dios. En una escuela industrial en Mayagüez P.R donde trabajaba tratando de dar recreación a los presos juveniles y niños que habían en esa "escuela", escuchaba coritos cristianos que salían de entre las casetas y los barrotes de los jóvenes presos. Al preguntarle donde lo habían aprendido, me contestaban: "En la iglesia, mi papa es pastor". A lo que le inquiría, "¿Que haces aquí?" La respuesta: "Pues..." Escuche coritos de diferentes jóvenes errados en su conducta por falta de amor verdadero y/o amor mal expresado o infundido por su seres queridos o por falta de corrección adecuada a tiempo. En esos lugares en esas escuelas en esos recintos me tope con jóvenes de todo nivel social.

Había un muchacho en una "vocacional" que trabaje, su padre trabajaba en finanzas en la oficina del Gobernador. Este joven estaba herido de amor pues su novia lo engaño con su mejor amigo. Él la amaba mucho y no pudo recuperarse del dolor y la herida que le ocasionó, cayendo en drogas. Su vida se desconcertó pues el no pudo lidiar con el engaño del amor. Joven inteligente de cuna terminando su vida temprano y haciendo sufrir a sus seres amados. El padre de este joven estaba angustiado y desesperado por ayudar a salir a su hijo en la situación que su "amor" lo llevó. (eso es una cárcel) Uno se entristece con una simple historia como esta pero son millones las historias así y hay mucha gente herida por el amor. Pero que amor, porque el verdadero amor no hace nada indebido.

Ahora bien en todo el mundo hay cárceles donde están justa o injustamente millones de presos, y si nos ponemos analizar razones a donde llegaríamos. Definitivamente al corazón del hombre, pues es ahí donde se origina el mal; en el corazón que guarda tantas cosas. Este debería estar lleno de amor para dar, mas sin embargo por la falta de ese bien espiritual mucha gente se están perdiendo. Gente para quienes no es la voluntad de Dios, que se pierdan pero esto es una decisión propia de cada persona. "Porque del corazón salen los malos pensamientos, los homicidios, los adulterios, las fornicaciones, los hurtos, los falsos testimonios, las blasfemias. Estas cosas son las que contaminan al hombre;..."(S.Mateo 15:19,20).

Entonces descubrimos que la raíz de todo mal esta en el corazón del hombre. Vemos en el libro de génesis que Dios, se arrepintió de haber creado al hombre porque el designio de este era de continuo el mal.

"Y vio Jehová que la maldad de los hombres era mucha en la tierra, y que todo designio de los pensamientos del corazón de ellos era de continuo solamente el mal. Y se arrepintió Jehová de haber hecho hombre en la tierra, y le dolió en su corazón." (Génesis 6:5, 6 RVR60)

Hay cárceles físicas donde tu cuerpo esta limitado a tiempo y espacio, y hay otras que son espirituales y también te limitan, pero para con Dios, porque impiden que te desarrolles para lo que Dios te creo, en su plenitud. Porque de su plenitud tomamos todos gracia sobre gracia, es decir que de la perfecta plenitud de Dios, el ser humano fue diseñado para ser libre y poder expresar en su totalidad, con el favor de Él todo lo creado, pues Él, nos lo dio a nosotros la capacidad para administrar su creación. Pero si tu vida, tu mente, tu alma, tu corazón están en una cárcel sea detrás de barrotes o espiritualmente presa, tu no puedes hacer para lo que fuiste echo para servir a Dios, en espíritu y en verdad. Recuerda que tu vida debe ser una alabanza continua para Dios, el salmista decía: "Saca mi alma de la cárcel, para que alabe tu nombre; Me rodearán los justos, Porque tú me serás propicio." (Salmos 142:7 RVR60)

En la iglesia en la que nací, crecí, y serví por 22 años en Dorado, Puerto Rico (Iglesia Nuevo Testamento) donde adoramos a Dios con deseo y unción, había un joven al que vi crecer y estuvo visitando la iglesia por un año o mas. Un día me confesó que no podía alabar, que no podía cantar; no era mudo, pero su alma para los efectos si, porque estaba presa y no podía alabar a Dios. Ahora lo entiendo pero cuando me lo confeso no lo entendí y realmente no supe que decirle. Puede ser que en muchas iglesias hallan muchas personas que al igual que este joven no pueden alabar pues sus almas están presas en conflictos, confundidas y se le dificulta lo que tu y yo que hemos sido libertados, se nos hace fácil hacer, poder alabar a Dios. En Isaias (61:1) dice; « El Espíritu de Jehová el Señor está sobre mí, porque me ungió Jehová; me ha enviado a predicar buenas nuevas a los abatidos, a vendar a los quebrantados de corazón, a publicar libertad a los cautivos, y a los presos apertura de la cárcel;» (Isaías 61:1 RVR60) (Lucas 4:18-19).

Realmente, esa es la función de la iglesia, porque ese es el legado que nos dejo Cristo para que nosotros como iglesia continuemos haciendo lo que Dios nos delego, pero para poderlo hacer, necesitamos estar llenos de su amor porque cubre multitudes de faltas. «Aprended a hacer el bien; buscad el juicio, restituid al agraviado, haced justicia al huérfano, amparad a la viuda.» (Isaías 1:17).

Cuando Pablo y Silas estaban presos en la cárcel, comenzaron a orar y cantar himnos a Dios y los presos los oían. De repente, sobrevino un terremoto y los cimientos de las cárceles se sacudían y se abrieron todas las puertas y las cadenas de todos se soltaron (Hechos16:25-26). Así es el poder de Dios que actúa en nosotros por su palabra, sea predicada, leída, recitada o cantada. Aunque estés en la cárcel de lo profundo con cadenas en los pies y manos, tu alma ha de estar libre para que tu le adores, le alabes en las condiciones que estés en ese momento. El resultado en tu vida será de libertad en el hombre interior el cual vera hechos en su vida, los cuales le darán total libertad en el señor. Porque a libertad hemos sido llamados para actuar conforme la voluntad de Dios sometidos bajo su poderosa mano.

Debemos recordar, no podemos olvidar y debemos saber que la palabra de Dios dice que sí Cristo nos libertare seremos verdaderamente libres, pero ¿para que tu quieres libertad en Dios? sino para amar. "Porque vosotros, hermanos, a libertad fuisteis llamados; solamente que no uséis la libertad como ocasión para la carne, sino servíos por amor los unos a los otros". (Gálatas 5:13) Ahora bien dar por gracia lo que por gracia recibimos y esa expresión de gracia se resumen en su amor como regalo que tu tienes aunque no esté plenamente desarrollado en ti. Basta un toque divino de Dios y se activa en la nueva criatura que Dios quiere hacer en ti, una criatura para amar, porque tu tienes esencia de Dios, el cual le dijo a el Apóstol Pablo; "Bástate mi gracia porque mi poder se perfecciona en la debilidad" (2da Corintios12:9). Esa gracia es el amor de Dios que fluye en ti y en mi por su hijo Jesucristo, a través del Espíritu Santo, provocando olor, fragante olor de nuestras vidas, de nuestras almas el cual será olor agradable que deberá impregnar una vez sea roto como el frasco de alabastro pero en los pies de Cristo, a todos los que estén en el lugar como sucedió con la mujer y Jesucristo. Deberás saber cuando derramarte para bendecir y preparar a otros para la muerte con tu perfume, con tu aroma, con tu aceite, con tu unción, con tu esencia, con tu vida. La muerte al mundo, muerte el pecado, muerte al yo, esa es la muerte que nos acerca a El, esa es la muerte que día a día debemos pregonar con nuestras vidas. Eso es parte de la gracia de Dios la cual proviene de su amor «porque de su plenitud tomamos todos gracia sobre gracia» (esto es para todos).

El verdadero amor nos dará libertad, no podemos olvidar que a libertad hemos sido llamados, la cual es para hacer la voluntad de Dios y se muestra en su amor. Hemos sido llamados a amar, porque la Biblia dice; "ninguna cosa debamos a nadie sino el amarnos los unos a los otros. Pagad a todos lo que debéis: al que tributo, tributo; al que impuesto, impuesto; al que respeto, respeto; al que honra, honra. No debáis a nadie nada, sino el amaros unos a otros; porque el que ama al prójimo, ha cumplido la ley"(Romanos 13:7,

8 RVR60). Esta será la única deuda que nosotros los que amamos a Dios debemos de tener siempre que pagar, amar al prójimo, amar como El amó. Debido a que los mandamientos son sociales es decir van a favor del prójimo es que podemos decir que estos se resumen en que: "amaras a tu prójimo como a ti mismo", porque nos conciernen a nosotros afectándonos también de forma positiva o negativa y eso dependerá de ti.

Capítulo 2

EL LENGUAJE COMUNICACIÓN, ENTENDIMIENTO Y UNIDAD

1- El lenguaje como la expresión de cada pueblo es necesario he indispensable para la buena comunicación entre las familias, los pueblos, sociedades y las naciones. El lenguaje nos ayuda a poder establecer relaciones y lazos fuertes los cuales serán fundamentales en las bases que regirán y establecerán una nación. No solamente es importante una misma lengua sino el mismo significado de las palabras, porque podemos hablar un mismo idioma una misma lengua y no entendernos porque las palabras no son las mismas en su significado y/o expresión es decir no determinan lo mismo. Si nosotros agrupamos personas que hablan Español y los colocamos en una comunidad o una empresa o en las mismas iglesias, nos daremos cuentas que los significados de las palabras, aún cuando sea el mismo idioma, cambiarán. La expresión en el lenguaje así como el idioma y las palabras que se aprenden eso es parte de la enseñanza de los pueblos, lenguas y naciones.

Ahora bien que nos dice la Biblia en (Génesis 11:1-2, RV60) "Tenía entonces toda la tierra una sola lengua y unas mismas palabras y aconteció que cuando salieron del oriente, hallaron una llanura en la tierra de Sinar, y se establecieron allí".

Para que los seres humanos puedan habitar juntos en armonía, tienen que hablar el mismo idioma en todo el sentido de la palabra, tiene que haber unidad en propósito y en visión, porque no pueden andar dos personas juntas si no están de acuerdo y menos puede estar un pueblo junto sin entendimiento. ¿ "Andarán dos juntos, si no estuvieren de acuerdo"? (Amós 3:3 RVR60)

Esto evidentemente se refiere a todo lo concerniente al componente del desarrollo del ser humano (alma, mente y cuerpo) y todo lo creado por Dios. Esto lograra un balance en nuestras vidas y, por tanto, en nuestra sociedad en la cual vivimos. Pero no nos entendemos porque no, hablamos el mismo lenguaje. Veamos que dice el (salmo133:1-3) "¡Mirad cuán bueno y cuán delicioso es Habitar los hermanos juntos en armonía! Es como el buen óleo sobre la cabeza, el cual desciende sobre la barba, la barba de Aarón, y baja hasta el borde de sus vestiduras; Como el rocío de Hermón, que desciende sobre los montes de Sion; Porque allí envía Jehová bendición, y vida eterna."

El rey y salmista David, aprendió la importancia del entendimiento entre los hombres y el andar en armonía en esos tiempos difíciles. Fue a través de sus múltiples experiencias, y sobre todo cuando lideró a todos los endeudados y amargados de espíritu, ya sea en cuevas, montañas, desiertos, etc, que logró convertirlos en un ejército poderoso. Hombres sin casas, sin permanencia fijas, sin privacidad, sin lujos ni comodidades, pero con un mismo lenguaje, con un mismo propósito y en unidad de mente, espíritu y acción.

"Yéndose luego David de allí, huyó a la cueva de Adulam; y cuando sus hermanos y toda la casa de su padre lo supieron, vinieron allí a él. Y se juntaron con él todos los afligidos, y todo el que estaba endeudado, y todos los que se hallaban en amargura de espíritu, y fue hecho jefe de ellos; y tuvo consigo como cuatrocientos hombres". (1 Samuel 22:1, 2 RVR60)

1- El Rey David, en su profundidad de espíritu y como hombre de Dios, logró desarrollar y hacer entender a todos los que con el estaban en el desierto, lo siguiente:

a-) que Dios estaba con él y el estaba sujeto a Dios
b-) que tenían que estar unidos

c-) que tenían que hablar un solo lenguaje, es decir tener buena comunicación.

d-) que tenían que tener determinación, trabajo y esfuerzo de equipo.

e-) que tenia que haber un claro propósito dentro de la lucha porque Dios, estaba con ellos y con David.

f-) que había que esperar en el tiempo de Dios, en su juicio y justicia

Recordemos que con David andaban familias enteras incluyendo a mujeres y niños y ellos tenían que proveer seguridad, por tal razón, tenían que estar organizados como uno solo.

2- El pueblo de Dios cuando peregrino por el desierto. Allí el señor los pasó, probó y filtró, es decir, los redujo por su dureza de corazón y su incapacidad de someterse por la obediencia a un hombre. Hombre que Dios había puesto para que los guiara a una tierra de antemano escogida por Dios. Pueblo contumaz y de dura cerviz, el cual no quiso recibir las normas, estatutos y mandamientos que Él le había mandado; los cuales eran de amor primeramente y de obediencia, después porque sin amor, no hay obediencia. Recordemos que en los mandamientos dice; "Amarás al Señor tu Dios con todo tu corazón, y con toda tu alma, y con toda tu mente. Y el segundo es semejante: Amarás a tu prójimo como a ti mismo". (S. Mateo 22:37, 39 RVR60).

A moisés, se le hizo imposible, si imposible hacer entender obediencia al pueblo que salió de Egipto, porque no quisieron recibir el amor de Dios, como mandamiento. Y como resultado no pudieron ser obedientes a los mandamientos y a las leyes prescritas por Dios, y regidas por ellos mismos. Ellos no quisieron entrar en el reposo que Dios, les estaba ofreciendo, un reposo en Él, basado en la obediencia, que es a través del amor de Dios y para Dios." Por lo cual, como dice el Espíritu Santo: Si oyereis hoy su voz, No endurezcáis vuestros corazones, Como en la provocación, en el día de la tentación en el desierto, Donde me tentaron vuestros padres; me probaron, Y vieron mis obras cuarenta años. A causa de lo cual me disgusté contra esa generación, Y dije: Siempre andan vagando en su corazón, Y no han conocido mis caminos. Por tanto, juré en mi ira: No entrarán en mi reposo". (Hebreos 3:7-11 RVR60)

"Por tanto, queda un reposo para el pueblo de Dios. Porque el que ha entrado en su reposo, también ha reposado de sus obras, como Dios de las suyas." (Hebreos 4:9, 10 RVR60). Nosotros que hemos entrado en el reposo del señor, así como Dios reposo de toda su obra creada, debemos reposar de las nuestras igualmente, porque hemos entrado en su reposo y nuestras vidas están sujetas a Él. Este reposo comienza con su amor y produce obediencia. Esta, a su vez, produce confianza que es la esperanza. Por eso debemos de tener puestos los ojos en Jesus el autor y consumador de la fe. (Hebreos12:2). En Colosenses (3:3) dice: "Porque habéis muerto y vuestra vida esta escondida con Cristo, en Dios."

Solamente Josué y Caleb, mayores de 40 años, pudieron entrar a la tierra prometida escogida por Dios. El espíritu de estos dos hombres de guerra y siervos de Dios era perfecto para seguir a Dios. Tenían fe y veían las cosas desde la perspectiva de Dios, lo cual agrado a Él, permitiéndole entrar a la tierra que él había escogido de antemano para su pueblo. "No verán los varones que subieron de Egipto de veinte años arriba, la tierra que prometí con juramento a Abraham, Isaac y Jacob, por cuanto no fueron perfectos en pos de mí; excepto Caleb hijo de Jefone cenezeo, y Josué hijo de Nun, que fueron perfectos en pos de Jehová". (Números 32:11, 12 RVR60)

3-El es nuestro reposo en un mundo de tantos cambios políticos, económicos, sociales, donde la globalización es la meta del hombre (humanidad) como construcción de una torre al igual que la Torre de Babel. La humanidad de entonces desecharon a Dios, como constructor y se unieron en un fin común dirigido por un hombre llamado Nimrod, quien llego a ser el primer poderoso de la tierra (Gen:10;8). Ellos necesitaban hacerse de un nombre en caso de que fueren esparcidos por sobre la faz de la tierra. En la construcción de la torre utilizaron ladrillo en lugar de piedra. Ellos hicieron una mezcla y con fuego cocieron ladrillos, desechando la roca para la construir una torre que llegara al cielo. El primer error que cometido por esa generación fue que desecharon a Dios."Porque la roca que desecharon los edificadores ha venido a ser cabeza del ángulo"(mateo21:42). Estos se desconectaron de Dios dando la espalda y comenzaron a utilizar herramientas humanas y técnicas de hombres las cuales no tienen eficacia ni fundamentos efectivos para lograr alcanzar el cielo. El esfuerzo y determinación los llevo a comenzar una construcción tan ambiciosa es porque vale la pena, pero por esfuerzos del hombre o humanos no es suficiente, además de indigno para alcanzar tal galardón, porque esto es un asunto que concierne al cielo, ya que es espiritual y solo a través de Cristo Jesús lo alcanzaremos. Apartado de Jesús, nada podemos hacer las herramientas y técnicas humanas sean cuales sean jamas darán entera paz, seguridad y menos la salvación de tu alma en la vida eterna en el reposo que Dios tiene para los que en el hemos confiado los que le amamos, por que esto es posible a través de la roca que es Jesucristo, porque la salvación de él es digna, eficaz y verdadera.

EL LLAMADO DE ABRAHAM

Después que Dios disperso al hombre y ellos se regaron sobre la faz de la tierra cada uno se junto, para bien o para mal, con aquellos que hablaban la misma lengua. Dios, entonces hace un llamado muy especial a un hombre que vivía en Ur de los caldeos (Babilonia),lugar donde cientos de años antes el hombre quiso levantar una torre para llegar al cielo. Este llamado fue uno sin precedente, los ojos de Jehová, estaban buscando haber si hay algún entendido que le buscara. Este hombre se llamaba Abraham, y su llamado fue con promesa, donde Dios a través de un pacto empeño Su Palabra jurando por sí mismo. Por esta promesa todas las familias de la tierra han sido bendecidas, debido a un un hombre que le creyó a Dios. Le creyó cuando Dios era desconocido, cuando callaba y guardaba silencio y a pesar del olvido de los hombres Abraham, fue un embajador de Dios cuando no conocían a el verdadero Dios. Ahora bien cual, ¿ fue la grandeza de este hombre que Dios se agrado tanto de él y lo bendijo de la forma y manera que lo hizo? Llamarle el padre de la fe no es suficiente para este hombre que desarrolló y cuido una verdadera relación con el señor. Veamos porque este llamado viene después de lo sucedido en la Torre de Babel. Entiendo que el propósito de Dios era enseñar, desarrollar y confirmar en Abraham un modelo de hombre, un modelo de padre, de sacerdote, dirigido no solamente por la fe, sino que fundamentado en el amor. Si el amor, porque "Porque ciertamente no socorrió a los ángeles, sino que socorrió a la descendencia de Abraham. Por lo cual debía ser en todo semejante a sus hermanos, para venir a ser misericordioso y fiel sumo sacerdote en lo que a Dios se refiere, para expiar los pecados del pueblo. Pues en cuanto él mismo padeció siendo tentado, es poderoso para socorrer a los que son tentados.» (Hebreos 2:16-18 RVR1960)

En Abraham, vemos un proceso de prueba donde se comprobó su amor hacia Dios. No importando las circunstancias y mas haya de toda duda, él fue hallado fiel por, eso Dios lo bendijo y lo prosperó. El amor de Abraham hacia Dios fue tal que no le negó a su hijo Isaac, cuando Dios le pidió que lo sacrificara. Él tenía que sacrificar al hijo de la promesa que por veinte y cinco (25) años había esperado, soportando prueba sobre prueba y ahora tenia que sacrificarle a Dios. La Biblia dice que el verdadero amor echa a fuera todo temor donde el que teme no a sido perfeccionado en el amor del señor y tengo que pensar que Abraham, estaba perfeccionado en el amor del señor al igual que Enoc, que camino con Dios y Dios se lo llevo.

Nosotros, al igual que Abraham, vivimos por la fe pero nos perfeccionamos por el amor de Dios. Estamos en un proceso, que como Abraham, tendremos altas y bajas, pero el verdadero amor cubre multitud de faltas, donde el que duda no ha sido perfeccionado aún. Aunque en el Viejo Testamento no se habla de amor de una manera tan abierta como en el Nuevo, podemos ver que en Exodo 20:6 dice;" y hago misericordia a millares, a los que me aman y guardan mis mandamientos". Este capitulo habla sobre los mandamientos que Dios nos legó para nuestra sana convivencia en la sociedad, y aquí está la esencia de su amor para con nosotros. Dios quiso dejarnos saber sus intenciones para con nosotros por eso nos dio

"Los Mandamientos" para que lo viviéramos, es decir, que lo pusiéramos por obra, lo practicáramos, amándolo primero y luego al prójimo. ! Tan lindo principio de amor departe de Dios para con su pueblo! (Eso fue algo que Abraham logro probar delante de Dios, Su amor sobre todas las cosas).

NUEVO LENGUAJE CON ABRAHAM

Con el llamado de Abraham, Dios esta llamando a utilizar un nuevo lenguaje. Recordemos que Inmediatamente después de la Torre de Babel vino el llamado de Abraham. Porque con él comenzó Dios, a expresar un nuevo lenguaje, el del amor. Dios nos dio el lenguaje del amor y debería ser este el lenguaje que la humanidad hable para podernos entender, aunque al día de hoy solo una pequeña porción nos estamos entendiendo. Dios y Abraham hablaron este lenguaje del amor y se entendieron, aunque fue muy duro para Abraham el ser probado mas allá de toda duda. Tu y yo también seremos probados de igual manera, porque la fe obra por el amor, trayendo esperanza.

Al patriarca Abraham, se le conoce como el padre de la fe y en él fueron y serán benditas las familias de la tierra. Benditas en la fe que es como consecuencia de el amor esperanzador y sus lindas consecuencias al final del camino.

Para tu poder vivir en esencia del amor dado por Dios, tienes que tomar la copa de la salvación. A través del proceso de Dios, este como el gran artista va poniendo y quitando de nosotros aquellos detalles que nos dañan, afean he insensibilizan. Porque tomar la copa de la salvación es recibir el llamado de Dios así como Abraham, lo recibió y comenzó, a caminar en obediencia. Recordemos que sin amor no puede haber obediencia. Como resultado de nuestro caminar con Dios, el sometimiento y obediencia a su voluntad, Él irá poniendo de Su amor y nuestras copas se llenarán. ¡Eso es caminar con Dios como Abraham, como Enoc!

Los lenguajes o idiomas del mundo, sean cuales sean, deberán ser nutridos y fundamentados por la esencia divina, la del amor. No importa cual sea el idioma que hablemos si está impregnado, del amor de Dios, a través del Espíritu Santo, nos entenderemos siempre porque la esencia será la misma, y el espíritu al igual que Dios, nos hará sentirnos como uno. Después del fallido intento del hombre en la construcción de la torre de Babel, Dios llamó a un nuevo lenguaje uno basado en la fe, amor y desde luego, obediencia, porque la obediencia es el resultado del amor. El salmista dice; "Tú encargaste que sean muy guardados tus mandamientos"(sal119:4 RVR60). Y ¿que son los mandamientos sino amor y obediencia para vivir por Dios y para Dios? Porque sin Amor, no puede haber obediencia.

Capítulo 3

PARA CAMINAR HACÍA LA PERFECCIÓN

"Pero ¿qué os parece? Un hombre tenía dos hijos, y acercándose al primero, le dijo: Hijo, ve hoy a trabajar en mi viña. Respondiendo él, dijo: No quiero; pero después, arrepentido, fue. Y acercándose al otro, le dijo de la misma manera; y respondiendo él, dijo: Sí, señor, voy, y no fue. ¿Cuál de los dos hizo la voluntad de su padre? Dijeron ellos: El primero. Jesús les dijo: De cierto os digo, que los publicanos y las rameras van delante de vosotros al reino de Dios". (S. Mateo 21:28-31 RVR60)

Para comenzar a caminar hacia la perfección tenemos que ser imitadores de Cristo, el Apóstol, Pablo decía; "sed imitadores de mi como yo soy imitador de Cristo". Ese es nuestro modelo el cual es uno muy alto, pero alcanzable porque hemos sido hechos a imagen y semejanza de Él. No fuimos creados perfectos, pero al finalizar la creación Dios vio que era bueno en gran manera bueno. Y vio Dios todo lo que había hecho, y he aquí que era bueno en gran manera. Y fue la tarde y la mañana el día sexto. (Génesis 1:31 RVR60). Para que eso perfecto proceda en nosotros tenemos que ser nutrido del perfecto amor de Dios que es a través de Cristo. Debemos permitir al Espíritu Santo, que haga la obra en nosotros, creando abundante y verdadera vida hasta llevarnos a la perfecta voluntad y presencia de Dios. Esto requiere tiempo y espacio tanto de Dios, como de ti, que serás probado más allá de toda duda como Abraham. Recordemos que Dios habita en la eternidad y su voluntad es que nosotros habitemos con Él. Pero esto requiere de un proceso de una periodización. Es decir de una organizada división y fragmentación del tiempo y trabajo que Él realizará en ti, para llevarte al lugar y nivel que él preparo, como constructor y entrenador de la obra. Él sabrá cuando tu estarás completo en Cristo Jesús. "Habiendo purificado vuestras almas por la obediencia a la verdad, mediante el Espíritu, para el amor fraternal no fingido, amaos unos a otros entrañablemente, de corazón puro"; (1 Pedro 1:22 RVR60).

"CRISTO, dijo; En la casa de mi Padre muchas moradas hay; si así no fuera, yo os lo hubiera dicho; voy pues, a preparar lugar para vosotros. Y si me fuere y os preparare lugar, vendré otra vez, y os tomaré a mí mismo, para que donde yo estoy, vosotros también estéis". (S.Juan 14:2-3 RV60). Ahora bien, así como hay ofertas de trabajo en el mundo y tienen exigencias para ser cualificado, de igual manera, espiritualmente, Dios ha puesto unas exigencias basadas en amor, obediencia y muerte. Para heredar lo que Dios te quiere dar primero tienes que, como Cristo, morir al mundo y al yo, negándote a ti mismo. Para el cristiano, la muerte trae vida. Morir al mundo y a sus deleites y todo lo que esté ofrece, te ayudará a enfocarte más en la consecución de aquello que has creído, porque fue puestos en ti en el momento que creíste. Esa semilla, esencia o sueño de esperanza, se irá fortaleciendo y creciendo a medida que va pasando el tiempo y se va abonando. Al nutrirnos de la palabra que es el agua de vida que permite que nosotros día tras día podamos tomarla para ir creciendo mientras nos vamos limpiando de todo lo que nos asedia y quiere y puede minar o detener nuestro desarrollo de vida. Esto es muerte para el mundo pero para nosotros es abundante vida. Este proceso de tomar nuestra cruz así como Abraham y Cristo nos llevará a ser probados mas allá de toda duda. ¡En la cruz está la victoria! "Entonces Jesús, dijo a sus discípulos: Si alguno quiere venir en pos de mí, niéguese a sí mismo, y tome su cruz, y sígame".

(S. Mateo 16:24...25,26 RVR60)

Para ser perfecto tiene que habitar la inmortalidad, y esta se logrará con amor, donde el que no ama no ha sido perfeccionado aún. Dios es amor, es eterno y habita en la eternidad, y nosotros fuimos creados bueno a lo sumo pero no perfectos. (Gen1:31). Para lograr la perfección hay que vivir en un proceso que Dios mismo creo, uno espiritual, el cual nos separa en cierta forma del proceso natural y nos acerca a Dios. En este proceso nuestros pensamientos y acciones van siendo santificados, produciendo una presencia agradable a Dios. Ocurre una transformación que comienza con un cambio de mente (metanoia) produciendo en nuestras vidas un cada vez más excelente peso de gloria. Todo esto es la vida de Dios en ti, en mí, en nosotros, su amor, su lenguaje y se logrará a través de la intervención del Espíritu Santo, en nuestras vidas; proceso que tomará el tiempo que Dios determine en cada uno conforme Su voluntad.

Al Dios crear este proceso, pienso que lo planifico y lo detallo es decir, lo periodizó, fragmentó y lo específico de tal manera que en el proceso se logre aprender el lenguaje del cielo el "Amor". El fin es que a través de ese perfecto amor tu seas salvo y alcances la eternidad que se ha de lograr a través de Él por Cristo, porque Dios es amor. "A quien anunciamos, amonestando a todo hombre, y enseñando a todo hombre en toda sabiduría, a fin de presentar perfecto en Cristo Jesús, a todo hombre" (Colosenses 1:28).

La eternidad se obtendrá a través de Cristo, donde seremos transformados con un cuerpo inmortal al igual que Cristo, al ser resucitado de los muertos. Esto se realizará, cuando Cristo venga por su iglesia, y seamos arrebatados, como ha prometido. Nosotros su pueblo que esperamos en su reposo, en esa esperanza la cual no nos avergüenza sino al contrario alimenta nuestra fe. La cual hace esa esperanza, parte de sus múltiples promesas para con nosotros su pueblo, que le amamos. Así como Abraham, nosotros le debemos amar. No deberá haber duda de nuestro amor, el cual se podrá ver y palpar en la esperanza, que ha puesto por su amor y por la fe en Cristo Jesús, señor nuestro.

SALMO 19 LAS OBRAS Y LA PALABRA DE DIOS

"Los cielos cuentan la gloria de Dios, y el firmamento anuncia la obra de sus manos. Un día emite palabra a otro día, y una noche a otra noche declara sabiduría. No hay lenguaje, ni palabras, Ni es oída su voz. Por toda la tierra salió su voz, Y hasta el extremo del mundo sus palabras". (Salmos 19:1-4 RVR60)

Ciertamente el Salmista, esta hablando de un idioma sin palabras y un lenguaje donde todo lo creado expresa la gloria de Dios, pero sin necesidad de hablar. Igualmente nosotros como creación de Dios, tenemos que expresar por medio de nuestro testimonio, pero sin una palabra la obra que Dios ha hecho en nuestras vidas. De manera que esa esencia espiritual, que Dios ha puesto en nosotros, pueda expresar que hay un Dios. Nuestro lenguaje en el cristiano, muchas veces es silente, porque también es uno que el señor creo para la gloría de Él, donde el que se gloría es Dios en nuestras vidas.

Fuimos hechos a su imagen, donde el prometió habitar en nosotros por su Espíritu. Poniendo esencia de Él, en nuestras vidas, cada vez más. Esta expresión "sin palabras", es el resultado de lo creado en nosotros cómo parte de la obra de Dios a través del Espíritu Santo. Es el resultado de un proceso de años, de una vida para nosotros, pero de segundos, minutos, de días para Dios. Él habita en la eternidad y su trabajo en nuestras vidas es como un carpintero trabajando la madera, la cual somos nosotros. Él sabrá como cortarla, tallarla y que expresión hará de esa madera, conforme la necesidad del carpintero. Pues en sus manos estamos, así como Cristo se puso en las manos de su Padre, para hacer su voluntad.

No podemos olvidar que los carpinteros comienzan su obra de trabajo escogiendo el árbol y la madera. Ésta deberá ser la mejor para el carpintero o tallador, conforme la obra en la madera que Él quiere hacer.

SALMO 92 ALABANZA POR LA BONDAD DE DIOS

"El justo florecerá como la palmera; Crecerá como cedro en el Líbano. Plantados en la casa de Jehová, en los atrios de nuestro Dios florecerán". (Salmos 92:12, 13 RVR60)

Si nosotros analizamos los que significa esta expresión que el Salmista, en su comparación con el justo hace, utilizando dos diferentes ejemplos o manifestaciones de como Dios nos ve y quiere que seamos, primero: EL JUSTO FLORECERA COMO LA PALMERA; Hay mas de 600 variedades de palmeras, pero a la que hace referencia este salmo es a la variedad que se da en el medio oriente, LA PALMERA; cuyo fruto es el Datil.

Es uno de los mejores reconstituyentes por su alto contenido de hidratos de carbono, contiene vitaminas A, D, B1, B2, B3, B9, C, Calcio, Magnécio, Pótacio, Sodio, Manganecío, Cromo, Cobre y Yodo. La presencia de vitamina B, le proporciona propiedades vigorizantes siendo muy recomendadas su inclusión en la dieta para mejorar estados de fatigas y debilidad física. El hueso o pepa (semilla) en los tiempos de escasez es utilizado como sustituto de café.

Segundo: CRECERÁ COMO CEDRO EN EL LÍBANO; ¿Que características posee este árbol del Líbano, donde el Salmista, lo utiliza también como metáfora, comparándolo con el justo:

1- Es un árbol frondoso
2- Su madera es valiosa por su fortaleza
3- Es de fácil adaptabilidad al tallado
4- Es apreciada por su suave olor
5- Se utiliza en la construcción de templos, palacios y viviendas
6- Su belleza y majestuosidad hace que sea utilizado para manifestaciones poéticas

Tenemos aquí dos (2) diferentes comparaciones del justo utilizando de referencia, la naturaleza de una Palmera y un Árbol. Cabe señalar que esta expresión del Salmista, es una que enriquece, que fortalece, edifica, y que determina nuestro lugar y nuestra posición en la casa de Jehová. Nosotros los cristianos, somos visto por Dios, de esta manera donde tu lugar, he importancia en el reino de Dios son determinantes. Veamos la palmera, donde sus frutos son de bendición al que lo come, además de vigorizante, reconstituyente. Su fruto da fuerza y mejora el estado de la fatiga, ademas de todos los nutrientes que proporciona. Así debemos ser los cristianos, justificados por la sangre del Cordero de Dios. Nuestros frutos deberán sanar a otros de su fatiga, de sus desánimos y nuestra palabra, así como nuestras vidas, deberán reconstituir las vidas de los demás. Deberá nutrir y proporcionarles esa esperanza de vida y deseo de luchar. Porque el fruto que ha comido de nuestra boca, por la palabra de nuestras vidas, de nuestro espíritu, deberá ser uno que dé consuelo, y deseo de vivir, al que lo coma. Nosotros, lo comimos porque alguien nos dió del fruto de la esperanza por el amor que es a través, de Cristo. Pero en nosotros, ese fruto se ha de manifestar en comunicación con tu prójimo, a través de tu hablar, vida, y testimonio. Porque en nosotros los cristianos, al igual que la palmera, los frutos (Datil) deberán de ser vigorizantes y llenos de consuelos para los que están en el camino de la vida. Estos necesitan ser saciados y reconstituir sus fuerzas, vigorizando su fatiga, porque por el caminar de la vida están agotados. Una palabra a tiempo, bien sazonada, habrá de hacer la gran diferencia en sus vidas. Así como Cristo lo ha hecho en las nuestras, debemos de dar por gracia lo que por gracia hemos recibido,...Amor. Así que se me ocurre decir que "datilicemos", la vida de los demás con nuestros frutos. Frutos que deberán ser de bendición, porque estamos en sus atrios, el cual es lugar de bendición.

El árbol del cedro en el Líbano, sus características que mencionamos anteriormente, se refieren a ti como cristiano; su belleza, su fortaleza, su adaptabilidad al tallado o cambios, su olor, ademas de su apreciado valor en la construcción de palacios y templos determinan su importancia y valor. Tu como cristiano, eres esa madera que proviene de ese valioso árbol y donde quiera que te ubiquen deberás lucir como cristiano he impresionar a los que contigo estén. Ademas, deberás dar un olor suave en el momento que te tallen o quieran darte forma en la madera de tu vida, porque tu no eres cualquier madera. Tu madera es una fuerte, se utilizará para cubrir, guardar, proteger y sostener como columnas puestas en el templo de Dios para bendición de muchos. Pero esto se logrará a través de un proceso que tomará tiempo hasta que tu como el árbol, crezcas y te fortalezcas. Entonces tu madera será capaz de sostener junto a otros árboles iguales en el templo o iglesia de Dios, donde él te ha puesto. El ser plantado habla de verticalidad, fidelidad y determinación en Dios, como el carácter de un buen cristiano. La madera habla de ti, como esencia de Dios y el olor, es ese perfume que sale de esa esencia que Dios, ha puesto en ti. Siempre debemos dar olor, un buen olor, como perfume de alabastro en los pies del señor, recuerda que debemos enriquecer a otros con esa fragancia, nuestro olor, esencia de Dios.

CAPÍTULO 4

DIOS TOMA DECISIONES POR NOSOTROS

Dios toma decisiones por nosotros, decisiones de amor y por amor, que de buenas a primera no entendemos. Pero, que según va pasando el tiempo y lo vamos conociendo como la relación de amistad de Abraham, con Él, iremos entendiendo quien sabe tal vez, ¿porque él toma decisiones por nosotros?. Y no podemos olvidar que estamos llamados a vivir por fe, no por vista. Pienso que el no entender hace que la fe sea mucho mas agradable a Dios y adoradora. Porque en la grandeza del llamado de Dios para nosotros hay un propósito, el cual nosotros debemos de conocer. Para conocer el propósito de Dios en nuestras vidas, primero tenemos que conocerlo a Él, para así saber cual es su voluntad y su propósito en nosotros. Cristo dijo; "escudriñar las escrituras porque ellas dan testimonio de mi". Conocer a Dios es un reto pero más una bendición, porque el que se acerca a Él, es porque le quiere conocer y Dios premia a los que le buscan.

Ciertamente hay un propósito general de parte de Dios, dado a la iglesia de la que tu y yo somos parte. El nos ha legado una gran responsabilidad, la cual tenemos que ejercer día a día en pregonar, ministrar, y ejecutar en justicia, misericordia y paz lo que Dios nos ha encomendado para que el mundo no se pierda sino que sea salvo por Él. Que el hombre reciba la vida eterna es la voluntad de Dios para el mundo y los que en el habitamos. Esta encomienda de la salvación, dependerá de la acción del hombre para con el hombre mismo. Porque Dios en su perfecta sabiduría escogió a pecadores arrepentidos para ser pregoneros de su justicia y salvación que es a través de su hijo Jesucristo, el cual murió en la cruz por amor.

Como consecuencia de ese amor tan grande, avivado en nosotros por la fe en Él, es necesario decir que es un mandamiento para la iglesia. Que nosotros que fuimos pecadores ahora tengamos en nuestras manos la repartición de la esperanza. Como los discípulos en el monte de las bienaventuranzas y de la comida la cual, fue dada a los discípulos porque en algún lugar dice; "Mi pueblo fue destruido porque le faltó conocimiento" (Óseas 4:6). Entonces tenemos que enseñar conocimiento al pueblo de Dios y ganar almas para el reino de Él. Para que en el proceso de salvación, comiencen a caminar hacia la madures y santidad en Cristo Jesús, Señor nuestro. El conocerlo nos ayudará a desarrollar una mejor relación en la que el beneficiado serás tu. Como resultado beneficiará a todos los que te rodeen o se acerquen a ti, por que tu estas a sus pies, y una vez hallas roto tu vaso de alabastro de nardo puro como la mujer en los pies de Cristo, tu olor impregnará a todos los de la casa. Esto es y será como consecuencia de la esencia de Dios. Entonces, conocerán que están vivos por tu aliento del espíritu de Dios, en ti y por el olor que de ti sale, como la madera del árbol del cedro del Líbano. Esta esencia que saldrá de ti, será como dice la palabra; "y de conocer el amor de Cristo, que excede a todo conocimiento, para que seáis llenos de toda la plenitud de Dios". (Efesios 3:19 RVR60)

Si como iglesia, nosotros llenáramos al mundo de nuestro grato olor, nos sería el proceso de ganar almas mucho mas fácil y efectivo, en la Biblia dice; que nuestra palabra debe ser sazonada pero, ¿con qué? con justicia, con verdad, con amor, pero no fingido sino el puro amor de Dios. "Nosotros somos la sal de la tierra y si, la sal se hiciera insípida no sirve" (Mateo5:13). Tenemos que dar frutos dignos de arrepentimientos para que los que no creen entonces crean, pero sabes que tendrán que creer primero en ti, en mi, en nosotros, para entonces poder llegar a Dios y creer en él como tu y yo hemos creído. ¿Como ellos van amar a Dios que no lo han visto? si tu iglesia que dices amar a Dios, no amas a tu prójimo, al cual tu quieres ganar para Cristo. Tenemos que ser juiciosos en la aplicación de los hechos de esta iglesia moderna que como la antigua representa a Dios.

¿Quién ha creído a nuestro anuncio? ¿y sobre quién se ha manifestado el brazo de Jehová? (Isaías 53:1 RVR60). Es necesario que anunciemos las virtudes, de aquel que nos llamó de las tinieblas a su luz admirable,» porque nosotros somos, Nación Santa, pueblo adquirido por Dios» (1Pedro 2:9). Pero ese anuncio será hecho tu modelando la vida que Dios quiere dar al mundo, una verdadera y perdurable vida, que no es de este mundo pero, que se debe y tiene que empezar a vivir en este mundo. Porque nuestra ciudadanía es celestial. Tenemos que vivir a Cristo, día a día en nuestros trabajos, en la universidad, en la escuela, en el vecindario, en el camino de ida, en el camino de regreso, en las iglesias y sobre todo en nuestras casas. Ahí es que deberá estar el fundamento bien puesto para esta generación y las futuras y todo por y para Cristo.

Nuestras familias tardaron 17 años en empezar a venir a Cristo, mis hermanas y los de mi esposa, Zayda. De momento comenzaron a venir cuando estábamos pensando mudarnos a otro pueblo, he iglesia en el campo. Cuando eso comenzó a suceder mi esposa me comenta ¡nosotros no podemos movernos, porque Dios está contestando una oración de 17 años! yo se que nuestro olor fue determinante para que ellos decidieran venir a Cristo. Porque estuvieron analizando, viendo resultados y vieron en el testimonio, que eran dignos de arrepentimiento. Nuestro testimonio deberá ir siempre delante de nosotros para bendición de los que nos rodean y para que así alumbre en nuestras vidas como en la luz de los candelabros hacia el frente.

DECISIONES TOMADAS POR DIOS EN ALGUNOS SIERVOS

1-NOE, (Gen. 6:13-15) Él no decidió construir un arca y menos destruir toda la vida creada, fue una decisión tomada por Dios, en base a las aciones del hombre. Dios reaccionó tomando la decisión para preservación de lo creado por Él. De lo contrario toda la creación hubiera sido destruida, de no haber encontrado un justo, en quien Dios, pudiera depositar su fe, por lo creado. Para preservación de su justicia, Dios buscando encontró al justo NOE, pregonero de justicia salvándolo a él y a su familia y los animales escogidos conforme la voluntad de Él. Esta decisión de Dios, fue una que ciertamente Noe, y su familia no entendieron muy bien al principio del llamado, para ellos como familia. Pero se que en el desenlace o final de la experiencia vivida durante ese proceso entendieron claramente todo lo relacionado con su llamado y la decisión tomada por Dios. Esta fue una decisión de amor, para preservación de lo creado por Dios, decisión propia de Él.

2. ABRAHAM, (Gen12:1-3) Él no decidió ser el padre de una grande nación y de que su nombre fuera engrandecido y que su bendición fuera extremadamente grande. Fue una grande decisión de Dios como todas por amor, por la fe, y la justicia de un hombre. Pero la decisión de Dios fue antes del llamado de Abraham, este lo que hizo fue creerle a Dios y obedecer su llamado. Eso es mas que suficiente para que Dios comience a obrar en nuestras vidas. Como resultado de ese creer, Dios lo bendijo con el hijo de la promesa, por lo cual espero 25 años y de los lomos del hijo de Isaac, nació Jacob, del cual nació el pueblo de Israel. Además de que en Abraham, le será llamada descendencia por la fe y esto es espiritual y decisión de Dios.

3-MOISES, (Exodo 3:10-12) Él no decidió ser el líder del pueblo de Israel, y menos sacarlos de Egipto en un Exodo, que les costó la vida a todos los mayores de 20 años excepto, Caleb y Josué. Veamos la pregunta que le hizo Moises a Dios; "Entonces Moisés respondió a Dios: ¿Quién soy yo, para que vaya a Faraón, y saque de Egipto a los hijos de Israel? (Éxodo 3:11) Y respondió Dios a Moisés: YO SOY EL QUE SOY. Y dijo: Así dirás a los hijos de Israel: YO SOY me envió a vosotros (Éxodo 3:14). Con que nos encontramos aquí, sino con un cuadro de identidad, y de conocimiento, que por primera vez Dios, se le revela a un hombre. La identidad que tenía Moises, después de haber sido príncipe de Egipto, era ninguna. En la forma y manera que se le reveló Dios a Moises, no sabía dónde estaba parado. Moises, no podía identificarse porque no le conocía ni sabía su nombre. Tenía que ir conociendo a Dios e iba a ser en el camino, día a día camino que nadie había caminado de la forma y manera que Moises lo haría. Ciertamente la duda de Moises, era razonable y lógica porque lo que tu no conoces no lo puedes razonar, y aunque la fe, no se razona sino, se cree, se confía y se espera. Dios le estaba dando una encomienda muy propia de Él, en mi opinión, tal vez una de las más grandes proezas en la Biblia.

¿Quien yo soy? a tu pregunta de lo que Dios te ha mandado a hacer y ser en Él. Dios es el que te responde "YO SOY EL QUE SOY," que esta en ti. El que te ha de dar palabra, que te ha de dar sabiduría, herramientas, y que ha prometido estar contigo en el éxodo de tu vida. Está en las buenas, en las malas, porque ese *"Yo soy,"* habla de uno con Dios, de la identidad que tu tienes que tener para hacer en Dios, lo que tu tienes que hacer por encomienda de Él, si tu sabes cual es tu llamado en ÉL.

¿Quien yo soy? en tu vida es en letras pequeñas pero cuando tu ¿quien eres? se entorna en Cristo, entonces se hace grande ese quien tu eres, por que es Cristo, en ti. Tu yo se ha de perder en el yo soy verdadero, y si el "YO SOY TE HA HABLADO", haz conforme Él te mande hacer como a Moises. Ciertamente la decisión del Exodo del pueblo de Israel de Egipto, fue por amor y Dios se lo había revelado a Abraham.

"Jehová, Dios; No permitió que nadie los oprimiese; Antes por amor de ellos castigó a los reyes." (1 Crónicas 16:21).

4-JOSÉ, (Gen.45:4-8) La decisión de los hermanos de José, al venderlo a los Ismaelitas, no fue una decisión plena de sus hermanos, sino que como dice Josué mismo; "Ahora, pues, no os entristezcáis, ni os pese de haberme vendido acá; porque para preservación de vida me envió Dios delante de vosotros" (Génesis 45:5). Esto estaba en el plan de Dios para con José, conforme su llamado pero también con sus hermanos, recordemos que son los patriarcas del pueblo de Israel. Hay decisiones en nuestras vidas las cuales no entendemos pero, al pasar de los años veremos mas claro y entenderemos mejor muchas cosas o ¿porque?. Preguntas que cruzan por nuestra mente como en el caso de José, y sus hermanos (cap. 35 al 45 Gen). Vemos el amor de José, por sus hermanos y toda su casa. Amor que no importando las circunstancias como se desarrollaron en José, no dejó de amar a sus hermanos. Aunque estos le despreciaron hasta el extremo de venderlo porque lo odiaban. Pero el demostró amor teniendo toda la autoridad y poder para castigarlos y cobrarles todo el mal que le habían hecho, decidió amarlos como Cristo, también amó. Esto si fue una toma de decisión de José, porque amar es una decisión muy personal.

Tampoco JOSÉ, decidió ser el segundo después del Faraón, en toda la tierra de Egipto. Esto fue una decisión de Dios, para preservación de los que Él ama. "Así, pues, no me enviasteis acá vosotros, sino Dios, que me ha puesto por padre de Faraón y por señor de toda su casa, y por gobernador en toda la tierra de Egipto" (Génesis 45:8 RVR60).

5-DAVID, (1Samuel15:28,16:12-13) El rey David, no decidió ser rey, sino que fue una decisión de Dios en respuesta a las acciones del rey anterior y el pueblo de Israel el cual demandó rey a JEHOVÁ, como las otras naciones. Ciertamente Dios se encargó de buscar uno mejor que el anterior, el cual su corazón es conforme al de Dios. Fue una decisión muy personal de Dios, donde por la mente de este pastor de ovejas pienso que nunca había pasado ser pastor, pero del pueblo de Dios, como rey de Israel. Haciendo una marcada diferencia en todos los reyes antes y después de él. Tanto es así que la genealogía de Cristo proviene de la casa de este gran rey. Casa de amor y por amor para nosotros su pueblo y todos los que se acerquen a Dios. Sus acciones, su dependencia, su vida estaba marcada de antemano porque Dios determinó confirmar en él un legado del amor de Dios en fe.

6-GEDEÓN, (Jueces 6:7-16) La condición de los Israelitas por causa de los madianitas, por su pecado y por la idolatría, los hijos de Israel vivían en cuevas, en los montes, cavernas, y lugares fortificados. Era un pueblo que vivían aterrorizados por el miedo, hasta que Dios, llamo a GEDEÓN," Y el ángel de Jehová se le apareció, y le dijo: Jehová está contigo, varón esforzado y valiente". (Jueces 6:12) El ángel marcó positivamente a este hombre que vivía en condiciones de pobreza y temor. Ademas, era el hijo menor de un padre que tenia un altar a Baal en su casa, este era el cuadro de ese valiente joven. Dios le cambió la forma de verse, lo marcó en la entrada de su dialogo con palabra sazonada, positiva, firme y esperanzadora. Ya para el versículo 16 el ángel de Jehová le había dicho como lograrlo y lo que pasaría; Jehová le dijo: Ciertamente yo estaré contigo, y derrotarás a los madianitas como a un solo hombre (Jueces 6:16). GEDEÓN, no decidió nada de esto sino que determinó hacer la voluntad de lo que Dios le habló, de un cobarde a un líder valiente y determinado. Porque el Espíritu de Jehová vino sobre él y lo cambió (Jueces 6:34).

7-JOB, (Job 2:1-6) Dudo de cualquier persona en el mundo quiera pasar por lo que pasó este varón perfecto, recto, temeroso de Dios y apartado del mal, además de integro. Job, no lo decidió pero estaba ahí, como tema de conversación de Dios, fue su sola decisión, que fuera pasado por ese fuego, de la prueba que vivió. Dios, lo recomendó es una de esas soberanas decisiones de Dios que no se puede entender tan fácil y menos cuando tu eres ese Job.

Pero cuantas personas han sido bendecidas, son y serán ministradas por la fe, fidelidad y confianza de Job, siendo él un hombre justo. La fe de este hombre fue la que lo mantuvo creyendo aunque sin entender lo que en su vida pasaba. Al igual que Abraham, pero de maneras diferentes su fe fueron probadas mas allá de toda duda. El fue fiel en las riquezas, en su calamidad y soledad, fue fiel también alabando a Dios, para las riquezas y pobreza. No fue consultado Job, de parte de Dios, sino que en su soberana voluntad permitió que fuera probado, decisión de Dios. "De oídas te había oído; Mas ahora mis ojos te ven"(Job 42:5). En ese proceso que le tocó vivir Job, fue llenado de mas abundante conocimiento acerca de Dios. Cuando le fueron revelados por preguntas las grandezas de la sabiduría y la inteligencia de Dios, y del conocimiento, tiempo y origen de todo lo creado por Él. Es expresado por Job, "de oídas te había oído" como consecuencia de entender luego de dialogar con Dios, la riqueza que subió a su corazón, producto de la prueba que el señor le permitió pasar.

Donde vemos el amor de Dios en esta historia de Job, sino en la confianza que depositó Dios, en un hombre integro, el cual de antemano Dios, sabia que habría de ser aprobado. Era necesario humillar, por un tiempo a un siervo para a través del fruto de esa enseñanza, nosotros pudiéramos ser edificados en el amor de Job en Dios. Donde se aumentó la fe, por el amor y en obediencia aunque esta halla sido forzada en larga espera, pero con resultados positivos para Dios, Job y nosotros. Que hemos sido edificados, porque al igual que Job, esperamos en Él. "Dios le dice a Satanás has considerado a mi siervo Job, que no hay ninguno como él varón perfecto y apartado del mal"(Job 2:3). Esta expresión de Dios, me habla de la fe que Dios, ha depositado en nosotros, porque la fe de Dios, para con nosotros es una fe genuina, la cual ha de ser manifestada para honra y gloria de Dios por amor, porque Dios por amor apuesta a nosotros. Porque la fe, es por amor sin fingimiento, es una alabanza a Dios así como en la vida de Job este lo alabó y glorifico.

8-JONAS, (Jonas 3:1-5) La decisión de pregonar el arrepentimiento para la ciudad de Nínive, fue una determinación de Dios para su siervo Jonas, el cual no obedeció al llamado de Dios. Por tanto tomó el camino largo, difícil, peligroso de la desobediencia, para luego determinarse hacer en contra de su voluntad el llamado que se le había dado. La falta de amor de Jonas, para con las vidas de la ciudad de Nínive, fue una en la que Dios tubo que intervenir, para que su propósito de amor en ese pueblo fuera ejecutado. El arrepentimiento y la salvación a través del perdón, es la razón por la cual Dios lo envió. Mensaje que recibieron en ayuno, cilicio y oración, perdonándolos Dios porque hubo arrepentimiento.

Ciertamente JONAS, no quería porque su voluntad no estaba sujeta, sometida a la de Dios. Por tal razón trato de huir, pero quien puede esconderse de la presencia de Dios. Sus ojos atalayan y andan buscando hombres entendidos para enseñarles discreción, justicia y sabiduría. Dios quiso utilizar a JONAS, para este llamado aunque JONAS, sabia que por la misericordia de Dios iban a ser perdonados. El amor de Dios es grande y por tal razón extiende su misericordia para con nosotros en CRISTO JESÚS, señor nuestro.

JONAS, se embarcó hacia Tarsis, al extremo contrario de donde Dios lo había mandado tratando de huir de su voluntad. Mientras iban Dios, permitió que se levantara una gran tormenta, hasta el extremo que en el barco la tripulación pensaron que morirían por la inmensidad de esta. Hicieron todo lo que humanamente se puede hacer para controlar el barco, pero sus experiencias como marineros no les valió de nada frente a la voluntad de Dios. Dios, le estaba reclamando a Jonas, su encomienda de ir a Ninive. Jonas se embarcó hacia Tarsis, en un viaje con gente paganas he inconversas, los cuales cada uno le oró a su dioses, en el momento de la tormenta no obteniendo resultados.

Los hombres que estaban en el barco con Jonas, no lo querían echar al mar, debemos entender que esto habla de buenos corazones, de un espíritu como para el señor. Y en cuanto a la ciudad de Ninivé, a la cual Jonas, no quería ir, habían hombres de fe, como los que estaban luchando por salvar la vida de él. Hombres los cuales no conocían al verdadero Dios, pero tenían fe y oraron a sus dioses. El paralelismo aquí es igualmente como en el barco, así como en la ciudad de Ninivé, hay hombres y mujeres de fe. Los cuales no han conocido a Dios, porque no habido alguien, que le halla anunciado las buenas nuevas de salvación. Pero hay fe en el mundo porque hemos sido hechos a imagen y semejanza de Dios, y este ha puesto eternidad en el corazón del hombre. Entonces los corazones de los hombres son como el terreno donde se siembra o cae la semilla que es la palabra de Dios. Aunque muchas veces sin sembrar palabra de Dios el terreno, aún así da buenos frutos por la naturaleza misma del terreno (corazón). Porque no importa donde hallamos nacidos o donde hallamos sido puesto por Dios, en nuestra naturaleza divina que hay en nosotros, esta viene acompañada de una porción de fe. Por eso dice en las escrituras que "con el corazón se cree para justicia y con la boca se confiesa para salvación". Ahora imaginémonos ese buen terreno limpio y acondicionado por la palabra para sembrar aún más. Entonces como esto es así tenemos que como todo obediente cristiano, embarcarnos para Ninivé, salir a pronunciar, salir y levantar nuestras voces para la promulgación y conocimiento a los hombres que tienen otros dioses. O que no creen en Dios, para que con la fe, que aún tienen puedan comprar al Dios verdadero en Cristo Jesús. Debemos entender que es la primera y única vez que en el antiguo testamento se le predica el arrepentimiento y salvación a un pueblo que no sea Israel. La decisión de Dios de salvar a todo el que se arrepienta es una de amor y por amor. Dios tomó la decisión de escoger a Jonas, para pronunciar y pregonar el arrepentimiento a la ciudad de Ninivé. Igualmente escogió a esta ciudad y todos sus moradores incluyendo animales y bestias para salvarlos, esto fue una decisión que Dios, tomó por ellos en su soberana voluntad por amor.

9-PEDRO, (Lucas 5:10-11) La decisión de Pedro, y sus compañeros Apóstoles, de ser pescadores de hombres fue una de Cristo, después que orara al padre en él ayuno de 40 días. Pedro, como todas las personas que reciben el llamado lo que hizo fue creer, dejando todo en el instante aún la pesca milagrosa. Esa decisión de Pedro, la cual fue una radical, un verdadero cambio. Los que conocían a Pedro, su vida nunca jamas volvió a ser la misma. Esta cambió a una espiritual, totalmente de fe, donde los milagros serían su vida cotidiana. Su intensidad de experiencias y aprendizajes de enseñanzas con Cristo y su pasión lo llevaron a ser un líder y un excelente alumno. Pero imperfecto cometiendo errores, fue el mejor discípulo, y que por la escuela de la vida que Cristo, los paso se cometieron por parte de los discípulos muchos errores. Aunque ahí estaba Jesus, para corregirlos y enseñarles en la verdad; "porque con misericordia y con verdad se corrige el pecado, y con el temor de Jehová los hombres se apartan del mal" (Proverbios:16:6). Se podría decir que esa es uno de los fundamentos de entrenamientos de todo discípulo, porque el ser pescador de hombres, su fin es ganar almas para el reino de Dios. Y el propósito es apartar los hombres del mal para que estos sean salvo por Cristo. Los discípulos aprendieron de Jesús que el amor cubre multitud de pecados (1 Pedro 4:8). Y que ese perdón constante es esa expresión del amor de Dios, algo nuevo en lo cual ellos tenían que aprender a vivir. Tenían que hacerlo parte de su rutinaria vida, para poder seguir en curso de esta, que el maestro CRISTO, les estaba enseñando. Ahora bien y que de la pregunta de Pedro a Jesús; "Entonces se le acercó Pedro y le dijo: Señor, ¿cuántas veces perdonaré a mi hermano que peque contra mí? ¿Hasta siete? Jesús le dijo: No te digo hasta siete, sino aún hasta setenta veces siete" (S. Mateo 18:21, 22). El ser pescador de hombres encierra un proceso donde el amor es el fundamento clave para poder someter las vidas en Cristo Jesús. El dijo apartaos de mí nada podéis hacer, lo que nos une a Dios, es ese amor que a través de el ESPÍRITU SANTO, fluirá en nosotros para continuar con la obra de Cristo, como la piedra angular. La obra que el maestro ha puesto para salvación de los hombres, la cual no debemos desechar jamas como los constructores de la torre de Babel. (Recordemos que el lenguaje que Dios quiere que hablemos es el del Amor)

Cuando Cristo Jesús, resucitó de los muertos, y se le apareció por tercera vez a los discípulos, le dijo al Apóstol Pedro, lo siguiente; "Simón Pedro: Simón, hijo de Jonas, ¿me amas más que éstos? Le respondió: Sí, Señor; tú sabes que te amo. Él le dijo: Apacienta mis corderos. Volvió a decirle la segunda vez: Simón, hijo de Jonas, ¿me amas? Pedro le respondió: Sí, Señor; tú sabes que te amo. Le dijo: Pastorea mis ovejas. Le dijo la tercera vez: Simón, hijo de Jonas, ¿me amas? Pedro se entristeció de que le dijese la tercera vez: ¿Me amas? y le respondió: Señor, tú lo sabes todo; tú sabes que te amo. Jesús le dijo: Apacienta mis ovejas" (S.Juan 21:15-17). Pedro y los demás Apóstoles pienso que estaban desorientados por todo lo acontecido en tan poco tiempo con la muerte, resurrección y aparición de CRISTO, nuevamente, a sus vidas. Aunque lo estaban viendo he inclusive comiendo con

Él, seguían desorientados. Pedro, había cerrado el capitulo cuando arrestaron a Jesús, para crucificarle negándole tres (3) veces como Cristo, le había dicho. Cristo sabía que era necesario sanar a Pedro por eso le pregunto por tres (3) ocasiones seguidas "SIMÓN, HIJO DE JONAS, ¿ME AMAS? Porque era necesario que Pedro fuera sanado a través del perdón de Cristo. El amor ademas de cubrir multitud de pecados en tu vida, será un bálsamo de sanidad para tu alma. Para que Pedro, pudiera seguir en el llamado que Dios a través de JESUCRISTO, le había echo sabía que tenia primero que mediar la sanidad. Y esta sería solo posible por medio del perdón, porque Jesús, dijo como había que amar a Dios; es con el corazón, alma y mente, esa es la fuerza con que debemos amarle y ciertamente Pedro, estaba muy dolido, entristecido y confundido ademas.

"Maestro, ¿cuál es el gran mandamiento en la ley? Jesús le dijo: Amarás al Señor tu Dios con todo tu corazón, y con toda tu alma, y con toda tu mente" (S. Mateo 22:36, 37 RVR60).

La fuerza que habita en tu espíritu, nutrido y fortalecido por el Espíritu de Dios, determinará nuestra posición, y nuestros actos. Estos si son buenos alabaran y glorificaran a Dios y si no, entonces estarás como Pedro, sintiéndote como él. Hasta que en ti medie el perdón, por el acto cometido, hay que sanar nuestras heridas y nuestros hechos malos con Dios como Pedro. Quien te asegura a ti que no le has negado, porque aun sin palabras le alabamos también le podemos negar. Cuando no damos el correcto testimonio de cristiano que debemos dar le negamos. Y más aún, cuando pecamos por malas decisiones, acciones y esto es, como un mal olor que saliera de nuestro ser.

A través de la fuerza del perdón, que media por el amor es que viene la sanidad, la pregunta de Cristo a Pedro, ¿ME AMAS? Es la respuesta a que por el amor que me tienes y tu arrepentimiento, te perdono las tres veces que me negaste. Pero por ese amor que me confiesas, tengo una encomienda de amor para ti, es la de que "apaciente mis ovejas", cuida, enseña, corrige, edifica, exhorta, ama, como yo te he amado a ti, ama hasta la muerte. "Esto dijo, dando a entender con qué muerte había de glorificar a Dios. Y dicho esto, añadió: Sígueme" (S.Juan 21:19). El ministerio del llamado de Pedro, comenzó con un llamado de que lo dejara todo, que lo haría pescador de hombres (S.Lucas 5:10-11). Y en el llamado cuando Cristo, resucitó, es uno a otro nivel donde su encomienda era el legado que Jesucristo, nos dejó como iglesia, un llamado a morir para dar vidas a otros un legado y un llamado de Amor. (S.Juan 21:19)

"Y yo también te digo, que tú eres Pedro, y sobre esta roca edificaré mi iglesia; y las puertas del Hades no prevalecerán contra ella. Y a ti te daré las llaves del reino de los cielos; y todo lo que atares en la tierra será atado en los cielos; y todo lo que desatares en la tierra será desatado en los cielos" (S. Mateo 16:18-19).

Y sobre esta roca o sobre esta base o fundamento que es Cristo, es que se construirá mi iglesia, sobre las bases de amor, del perdón y del morir por Cristo, porque para mi el morir es vivir por Cristo. Pedro, no eligió ser nada de esto sino que Dios, tomó la decisión de que fuera él y lo determinó. Recordemos que el solo era un sencillo hombre que vivía de la pesca junto con otros Apóstoles, también llamados. La iglesia es el valuarte de Dios y de nosotros depende la salvación de las almas. El llamado a Pedro, de apacentar las ovejas es realmente un llamado a la iglesia, de la cual tu que me lees, eres o puedes ser parte igual que Pedro. Ese legado, de ese llamado de Cristo, tomando una decisión de amor y por amor ahora determinó y nos toca a nosotros ejecutar, pero utilizó a Pedro, para declarar como deberá actuar esa iglesia; limpia, pura, sin arruga, y sin mancha, por que serán purificados a través del perdón, por el amor del que tu y yo somos parte.

10-ESTER, (Ester 4:11-17) La reina Ester, cuando niña fue adoptada por su primo Mardoqueo, el cual la cuidó y enseñó, haciendo el papel de padre y protector. Esta creció siendo obediente a las enseñanzas de él, llegando a ser una mujer muy hermosa, valiente e inteligente. Ganando así el favor del Rey, y todos en la casa hasta llegar a ser reina porque el rey la amó mas que las otras vírgenes pues Dios, estaba con ella. En el libro de (Ester 4:14) al final del mismo versículo Mardoqueo, le hace a la Reina esta pregunta ¿ "Y quien sabe si para esta hora has llegado al reino"?, porque al pueblo de los Judíos de las 126 provincias del reino donde ellos moraban habían dado edicto por Aman. Este edicto era en contra de todos los Judíos, porque el los odiaba a muerte y los quería destruir. Luego de esta confrontación de parte de Mardoqueo, su prima que crió como hija, esta se dispuso hacer lo que toda reina y todo rey hacen, arriesgarse a morir por su pueblo. Ester, amaba a su pueblo judío, esta disposición vino después de que ella entendiera el propósito de Dios, para con su vida y su responsabilidad para con ellos. Pero primero era para con Dios, porque Dios, había tomado la decisión por ella la Reina Ester. La Reina a través de su intercesión o intervención delante del rey debía conseguir el perdón y favor para con su pueblo Israel. Por eso Dios la había prosperado y llenado de gracia y favor. Ahora bien ese interceder de la Reina, no fue uno solo sino, que fue uno de unidad desde el principio hasta el fin, en todas las provincias, bien concertado con una sola cabeza, dirigido por una persona donde mardoqueo, representa a Dios. Y la iglesia es representada por la Reina Ester; hermosa, inteligente, valiente, y llena de gracia entre todas las vírgenes y determinada, porque había un propósito de Dios. En el pueblo de Dios cuando hablamos el mismo idioma, no debe haber duda de que habrá unidad de propósito. Derribando así todas las Torres de Babel, o confusión que se levante contra el pueblo de Dios. El amor de Dios en esta historia de Ester, la cual en mi opinión simboliza la iglesia, está en que Dios, utilizó a una niña pobre, huérfana, la cual creció hasta ser Reina. Mardoqueo, su primo padre, la enseñó, para que por el amor, fuera la herramienta que salvaría una vez más a su pueblo Israel, el pueblo de Dios.

Al igual hoy tu y yo somos parte de ese pueblo por el amor de Cristo. Las iglesias debemos ser representativas de lo que son estos primos y donde Dios nos ponga, nosotros debemos de saber y entender cual es el propósito de Dios en nuestras vidas. Para bendición de su pueblo a corto y a largo plazo, por el amor de Dios que Él a puesto en nosotros, por su Espíritu Santo. El amor nos une, nos enfoca, y nos determina, juntos en los propósitos de Dios.

11-JUAN EL BAUTISTA, (Mateo 3:1-17) La predicación de Juan Bautista, era una sencilla pero precisa, donde mediaba una revelación tal vez, la mas grande dada por Dios en la Biblia y confirmada por el apóstol Pedro, cuando Cristo, le pregunto ¿quien tu dices que yo soy?

Y Pedro le contestó, tu eres Cristo, el hijo del Dios viviente. Pedro, esto no te lo revelo carne ni sangre sino mi padre que esta en los cielos. El profeta Isaías, habló cientos de años antes sobre esta gloriosa revelación de los cielos a los hombres (Isaías40:3-5). Dios a través del profeta Daniel, también profetizó sobre el reinado de Cristo, en estos tiempos porque este reinado permanecerá para siempre (Daniel 2:44). Ahora bien esta sencilla predicación de Juan, al día de hoy se continúa predicando con otros matices, formas y colores, pero la esencia de la predicación es la misma, que en el tiempo de Juan. El cual fue llamado desde antes de su concepción ya había sido separado y predeterminado por Dios, para tal llamado. Comenzó su predicación en un desierto espiritual donde un sediento pueblo de Israel, no sabia donde estaba, donde ir y que hacer pues estaban sedientos todavía, como cuando salieron de Egipto con Moises. Estaban confundidos en sus propios pensamientos y conflictos pues hasta ese tiempo no habían podido entrar en el reposo de Él, reposo que el señor les quiso dar. Pues el señor así lo había prometido por sus durezas de corazón.

Cuando Juan el Bautista, comenzó con esta revelación del cielo muchos vinieron a él arrepentidos y fueron bautizados. Pero esto era el principio del ministerio de Cristo, el cual al igual que Juan, comenzó Jesús, a predicar y a decir; "Arrepentíos, porque el reino de los cielos se ha acercado"(Mateo 4:17). El mismo Juan el Bautista, dijo; "es necesario que yo mengue y él crezca." Porque para que el pueblo de Israel, pudiera por disposición de Dios, entrar en el reposo el cual sería por medio de Cristo, este tenía que emerger y hacer la obra para la que había venido. Como también lo hizo Juan, en su momento. Juan el Bautista, nació, vivió y murió por un llamado con un propósito de Dios.

La vida de Juan el Bautista, fue una donde Dios, tomó decisión por el, para predicar la mas grande revelación a mi entender dado a un hombre en la tierra. Esto lo ubica en que ha sido el profeta mas grande nacido de mujer, pero el mas pequeño en el reino de Dios es mayor que él (Lucas7:28), estas palabras dijo Cristo a la gente. Esta fue una decisión tomada en la vida de Juan, por amor para con su pueblo de parte de el poderoso de Israel.

12-JESUCRISTO. Su muerte en la cruz no fue su decisión, pero la acepto por amor y obediencia, la decisión del Padre, como la alternativa para salvación de la humanidad a través de su muerte en la cruz. CRISTO, tenía que morir porque era el plan trazado por Dios, como lo dice en las escrituras de ÉL. Que el hijo del hombre sería crucificado, muerto, y sepultado. Al tercer día resucitaría de los muertos, porque la esperanza había de cumplirse, esa es la palabra. El verbo en el verbo cumpliéndose por disposición de Dios, y a través de ese sacrificio de muerte. Esa esperanza se ha hecho parte de nuestras vidas y fundamento por el cual vivimos. CRISTO, oraba; "para que todos sean uno; como tú, oh Padre, en mí, y yo en ti, que también ellos sean uno en nosotros; para que el mundo crea que tú me enviaste" (S.JUAN 17:21).

No podemos olvidar que esta unidad por la cual Jesús, esta orando al Padre es el lenguaje de amor que se habla en el cielo. Estamos llamados a hablarlo como CRISTO lo habló patentizándolo en la cruz como expiación de nuestros pecados, por su sangre y muerte en la cruz. Necesario es que nosotros, también vallamos a la cruz día a día, para poder dar de ese amor de Cristo. Nosotros al igual tenemos que por amor morir.

Este lenguaje comenzó a hablarse con Abraham, por revelación de Dios y por Cristo declarado propio de Dios, a través de su predicación y su muerte en la cruz. No debe haber duda, que el amor es la razón de Cristo, en nuestras vidas y la de tu prójimo. Las cuales deberán ser sometidas o estar puestas debajo de Él, para salvación de nuestras almas.

"Jehová desnudó su santo brazo ante los ojos de todas las naciones, y todos los confines de la tierra verán la salvación del Dios nuestro "(Isaías 52:10) (Isaías53:1).

Quien es este sino JESUCRISTO, el brazo fuerte de Jehová, su diestra, el cordero de Dios que quita el pecado del mundo. Ese desnudar su brazo habla de el sacrificio que Cristo, como hijo de Dios se despojó de toda su gloria que tenia en el cielo, se humilló hasta la muerte y muerte de cruz. Él fue desvestido literalmente y exhibido públicamente, pero su desnudes mas grande es que Dios, a través de su hijo abrió su corazón. Sí las abrió a todas las naciones, lenguas y pueblos. Para que por esa revelación de amor el mundo y los que en habitan puedan ser salvos, por el amor verdadero he inconfundible de Dios, en JESUCRISTO. Él es la representación de lo mas bajo que Dios puede llegar porque dice la Biblia, que se humilló hasta lo sumo. Y si eso es lo mas bajo que Dios puede llegar por amor, imaginémonos a Cristo, en su gloría como prometió que vendría ha buscar a su pueblo. "Entonces verán al Hijo del Hombre, que vendrá en una nube con poder y gran gloria" (S. Lucas 21:27). El llamado de parte del Padre hacia su hijo para justificarnos de nuestros pecados tenía que ser de alguien perfecto como solo lo era el hijo. Y Dios por amor, lo entregó para la salvación de la humanidad.

13- TU ERES LA OTRA PERSONA. Porque tu eres parte de la iglesia, tu eres parte de ese complemento de unidad que se llama, la novia de Cristo. La cual nació del corazón de Dios porque estamos comprometidos con Cristo, en Dios para casarnos con Él. Tenemos que actuar como una virgen comprometida con los fundamentos de amor, de fe, y esperanza, que Dios nos ha dado en la palabra. Los cuales han sido ratificados, confirmados y aceptados por su hijo Jesucristo. Mientras todo eso ocurre tenemos que lavar nuestros vestidos en las aguas del perdón de Dios y plancharlos en el fuego de su amor. Es decir, tenemos que vestirnos y prepararnos con lo mejor que tengamos para agradar al novio (Cristo), para cuando el venga se agrade de nosotros su iglesia. Este vestir será uno espiritual por que Él, viene a buscar una iglesia sin arruga y sin mancha. Una iglesia, lavada con la sangre del Cordero de Dios que quita el pecado del mundo. Una iglesia que ha pasado por pruebas y tribulaciones pero no por eso ha desistido de su determinación de agradar a Cristo. Una que quiere y deberá estar santificada y pura para

Él. Donde los fundamentos que ha puesto son el valuarte, que ha sostenido la fe de los que hemos creído y esperamos en su amor. Aunque no lo hallamos visto, pero esa es la fe, que agrada a Dios y nos hace ser parte de su gloría. Porque la iglesia, es parte de la gloría de Dios, como la reina Ester, hermosa, inteligente y decidida, ya que tenemos la mente de Cristo por el Espíritu Santo. No nos cuesta esperar porque estamos enamorados y el amor todo lo cree, todo lo puede, todo lo soporta, porque ese amor produce un cada vez mas excelente peso de gloria. Ese amor de Dios, nos está llevando a la perfección o santidad, porque eso es lo que provocará el amor de Dios en nosotros, su iglesia.

Ahora bien, en tu vida personal y en tu relación de amor con Dios,¿Que él esta demandando de ti?...¿Que está demandando de ti, que no te has dispuesto hacer? ¿Que no te atreves hacer, porque te falta valor como Gedeon?. ¿O no tienes una verdadera identidad como Moises? Que no sabia quién el era, cuando le preguntó a Dios ¿quién soy yo? para que le diga a Faraón que deje ir al pueblo de Israel de Egipto, para que te adore. Recordemos que el pueblo de Israel estaba preso en Egipto, y una persona presa o un pueblo preso no puede adorar libremente a Dios. Te falta como a la reina Ester, saber ¿Porqué Dios, te ha puesto donde te ha puesto? Debes saber que sí tú estás en Dios y amas el pueblo de Dios como la reina Ester, es para un propósito de Dios. Deberás saber cuál es, porqué para este tiempo el señor te ha puesto donde te ha puesto, te aseguro que será para glorificar el nombre de Dios a favor de su pueblo.

No puedes desentenderte de las responsabilidades que Dios ha determinado por su voluntad darte. Recuerda, que el tomó la decisión ya por ti, te escogió, te salvó para honra y no para deshonra, te escogió para santificarte y para que tu seas embajador donde quiera que estés de su poder, de su misericordia, de su perdón, de su justicia, de su verdad, de su amor y de todo lo bueno que al final vendrá a sumar lo que es parte de su gloría. Por eso les dijo Cristo a los discípulos antes de la ascensión a los cielos lo siguiente; "pero recibiréis poder, cuando haya venido sobre vosotros el Espíritu Santo, y me seréis testigos en Jerusalén, en toda Judea, en Samaria, y hasta lo último de la tierra" (Hechos 1:8).

Capítulo 5

EL AMOR COMO ENEMIGO

1-NO TOMARÁS EL NOMBRE DE JEHOVA TU DIOS EN VANO: "No tomarás el nombre de Jehová tu Dios en vano; porque no dará por inocente Jehová al que tomare su nombre en vano» (Éxodo 20:7).

Cuando utilizamos el nombre de Dios para engañar, robar, matar, destruir, cambiar, quitar y hacer todo tipo de mal, mintiendo estamos tomando su Santo nombre en vano. Recordemos que Dios es Santo, la tierra llena de su gloria está. Es esa gloria de Dios la que tenemos que adorar, honrar y glorificar todos los días de nuestras vidas.

No podemos tomar esto livianamente, sino como algo de mucho peso porque estamos atentando contra la naturaleza misma de Dios, su Santidad y amor. Cuando pecamos por estas acciones esa naturaleza divina del misericordioso amor de Dios se volverá en contra de la acción pecaminosa y del que lo representa o lo cometió. Esto es reacción establecida por la naturaleza misma de Dios. Él no habita en el pecado, y lo establecido por Dios, actuará en contra de todo lo que es pecado señalando primero y condenándolo; "porque de tal manera amó Dios al mundo que ha dado a su hijo unigénito para que todo aquel que en el cree no se pierda mas tenga vida eterna"(Juan 3:16). Entonces éste misericordioso amor de la esencia divina de Dios que actúa para salvación, por naturaleza, disposición y decisión de Dios, actuará en contra. Recuerda que Dios toma decisiones por nosotros, dónde ya tú y yo estamos condenados si no creemos. Entonces vendrá esta falta de fe sencilla, a ser enemigo y actuará en contra de ti. De manera que "EL AMOR QUE TE SALVA SERÁ EL MISMO AMOR QUE TE CONDENARÁ", si no crees, actuando este; EL AMOR DE DIOS COMO ENEMIGO. "El que cree en el Hijo de Dios, tiene el testimonio en sí mismo; el que no cree a Dios, le ha hecho mentiroso, porque no ha creído en el testimonio que Dios ha dado acerca de su Hijo. Y éste es el testimonio: que Dios nos ha dado vida eterna; y esta vida está en su Hijo. El que tiene al Hijo, tiene la vida; el que no tiene al Hijo de Dios no tiene la vida" (1 Juan 5:10-12).

Tenemos que tomar en serio la contemplación y aplicación de las normas y leyes establecidas por Dios, porque en ellas esta la vida para la salvación de los hombres.

Ya que en el peregrinar de la vida que Dios, nos ha dado, utiliza su palabra para darnos vida. Y con las pruebas y circunstancias podamos recibir por la fe el amor de ÉL, que en su misericordia ha querido darnos a través de su hijo JESUCRISTO.

Él vino con cambios y estrategias nuevas, donde se nos ha sido revelado lo siguiente; primero, Él se hizo ejemplo de lo que debemos ser, segundo, mostró la esencia divina de Dios en su misericordia y con Amor pues; "Con misericordia y verdad se corrige el pecado, y con el temor de Jehová los hombres se apartan del mal "(Proverbios 16:6). Tercero, nos dio por decisión de Dios, la tercera persona de la trinidad. Para que habitara en nosotros y así escribir en nuestros corazones por medio del amor la palabra. Esta deberá ser esculpida a través de una relación y revelación de amor verdadero con Dios como Abraham. El hombre no fue echo para habitar solo, sino para habitar juntos en armonía. Solo habrá armonía cuando halla una cabeza dirigiendo a través de su amor.

Amor que está siendo revelado por su palabra en Cristo. Y actuará en contra de ti viniendo a ser enemigo tuyo por disposición de la misma palabra que Dios, determinó para salvación nuestra. Porque esa palabra que es vida, para los que hemos creído vendrá a ser enemigo y enemigo de muerte espiritual a los que no creen y reciben a Cristo. La palabra de Dios actúa en amor para salvación de muchos y lamentablemente tengo que decir que el mismo amor que salva es el mismo amor que condena. "El que en él cree, no es condenado; pero el que no cree, ya ha sido condenado, porque no ha creído en el nombre del unigénito Hijo de Dios. Y ésta es la condenación: que la luz vino al mundo, y los hombres amaron más las tinieblas que la luz, porque sus obras eran malas" (S. Juan 3:18,19).

Entonces esa palabra y hecho de amor vendrá a ser tu enemigo. Si aceptamos la misericordia de Dios, y confesándolo le recibimos entonces ese amor nos justificará pasando a ser hijos de Dios, y coherederos con JESUCRISTO. Si por el contrario no le aceptas, ni le recibes como el pueblo de Israel, cuando salieron de Egipto los cuales provocaron a Jehová en su ira y él juro que no entrarían en su reposo (Hebreos 3:7-11). Entonces estarías en la misma situación no entrando en este caso en el reino de los cielos, el cual se deberá empezar a vivir en la tierra.

Recordemos, Juan el Bautista, comenzó su ministerio con estas palabra "Arrepentíos porque el reino de los cielos se ha acercado" entonces si este reino, está en nosotros debemos comenzarlo a vivir con un genuino arrepentimiento. Deben haber frutos dignos de tal arrepentimiento, tanto de ti como Cristiano, como de tu iglesia. Como iglesia debemos mostrar frutos que marquen una gran diferencia en la comunidad, pueblo y/o lugar donde se encuentre. Porque por algún propósito Dios, como soberano, el cual decide muchas veces por nosotros, determinó ponerla. Para que sea luz en medio de las tinieblas, porque el plan de Dios, es que el mundo sea salvado, por su amor en Cristo Jesús, señor nuestro.

"El que cree en el Hijo tiene vida eterna; pero el que rehúsa creer en el Hijo no verá la vida, sino que la ira de Dios está sobre él» (S.Juan 3:36).

2-AMOR DISFRAZADO: "Mirad que nadie os engañe por medio de filosofías y huecas sutilezas, según las tradiciones de los hombres conforme a los rudimentos del mundo, y no según Cristo" (Colosenses 2:8).

Tenemos que ver e ir haciendo un sencillo análisis de como el mundo está presentando lo que es el amor. Si cerramos nuestros ojos y abrimos nuestras mentes a meditar en la relación de la revelación del amor con el mundo veremos lo siguiente; que el mundo nos esta presentando un amor que es;

* hueco, vacío, vanidoso que no tiene cimientos y bases donde sostenerse.
* un amor que está lleno de capricho, envidia y odio.
* un amor maquiavélico, donde el fin justifica los medios
* Un amor lleno del poder adquisitivo es decir, te compro todo lo que tu quieras, ese es mi amor para ti (de esa manera te muestro mi amor pero a cuenta de que). Dónde el enfoque de tu vida hacia Dios, ha sido cambiado. Desechando tu dependencia de Él, y ese enfoque siempre deberá estar presente y no darle la espalda a su señorío y poder.
* Un amor lleno de avaricia donde quiero tener para ostentar, para hacerme notar por el resto de la sociedad (consumo conspicuo). Provocando esto una cadena de competencias entre los que pueden económicamente y los que no pueden igualmente. Provocando que se lleguen a alterar los valores para lograr el propósito de obtener lo que quiero. Pero no puedo en condiciones legales y/o normales atentando así contra las leyes tanto espirituales, como terrenales. Faltando a la ética y moral y al orden establecido por Dios. No podemos olvidar que cuando el profeta Samuel, fue a la casa de Isaí, para seleccionar un rey, Dios le dijo que no mirara lo externo y/o físico que él se había buscado uno conforme a su corazón. Al día de hoy esto sigue igual de vigente pues en nuestro Dios, no hay sombra de variación.
* Te presentan un amor lleno de hermosura física, cuerpos perfectos en su anatomía externa. Bellezas trabajadas a base de todo tipo de intervención modelado, donde la motivación es lucir perfecto en el estado físico. No hay espacio para los aspectos espirituales donde medie Dios, como centro.
* Te presentan un amor con falta de estructuras y/o fundamentos. Donde halla seguridad de resultados concretos que espiritualmente llene al que lo practique. Porque está rodeado de sutilezas y

rudimentos del mundo. Dónde no hay realidad eterna en lo que se te ofrece pues el modelo eres tu mismo. Es decir es tu yo, el que se va a desarrollar. Pero en que base, porque no hay eternidad en ello. Porque los días de los hombre son 70 y 80 años para los mas fuertes. Y esto pasa como un pensamiento para Dios, porque Él habita en la eternidad. No olvidemos, cuando construyeron la Torre de Babel, desecharon a Dios. Primer error y como consecuencia entró la confusión a sus vidas. Utilizaron técnicas humanas para escalar caminos y senderos espirituales con herramientas puramente humanas. Donde el resultado fue división y confusión porque Dios gobierna por encima de las decisiones de los hombres. Donde lo físico para muy poco aprovechan a los asuntos espirituales. "Y el mundo pasa, y sus deseos; pero el que hace la voluntad de Dios permanece para siempre" (1 Juan 2:17).

Entonces nosotros como verdaderos cristianos dirigidos por el Espíritu Santo, tenemos que tener cuidado de nuestro caminar con Dios. Y dar espacio para que mientras eso sucede en este mundo, esa tercera persona de la Trinidad obre. De la manera que el quiere obrar en nuestras vidas. Así que tenemos que tener cuidado del mundo y sus esquemas, porque en la Biblia dice; "No améis al mundo, ni las cosas que están en el mundo. Si alguno ama al mundo, el amor del Padre no está en él. Porque todo lo que hay en el mundo, los deseos de la carne, los deseos de los ojos, y la vanagloria de la vida, no proviene del Padre, sino del mundo. Y el mundo pasa, y sus deseos; pero el que hace la voluntad de Dios permanece para siempre (1 Juan 2:15-17).

Porque amados, la amistad o hacerme amigo de las cosas del mundo me hará ser enemigo de Dios, actuando así su amor de Cristo, como enemigo. Tenemos que tener mucho cuidado y pesar bien las cosas. Hay que actuar con cautela porque estamos en este mundo, vivimos en el pero, no somos de este mundo. Porque nuestra ciudadanía es celestial.

3-EL AMOR COMO ENEMIGO EN SAULO DE TARSO:
"Y Saulo, consentía en su muerte. En aquel día hubo una

gran persecución contra la iglesia que estaba en Jerusalén; y todos fueron esparcidos por las tierras de Judea y de Samaria, salvo los apóstoles. Y hombres piadosos llevaron a enterrar a Esteban, e hicieron gran llanto sobre él. Y Saulo, asolaba la iglesia, y entrando casa por casa, arrastraba a hombres y a mujeres, y los entregaba en la cárcel « (Hechos 8:1-3).

El que años mas tarde llegaría a ser el Apóstol Pablo, lideraba la persecución contra la iglesia sembrando el temor en el pueblo de Dios. Todo consecuencia del desenfoque sobre el celo y el amor. Este desenfoque que tenía sobre el correcto amor, era enemigo de él. Fue tal que llevo a este hombre hacer lo que tal vez han hecho muchos siervos de Dios, por no tener una verdura revelación de Dios. Y de lo que el señor realmente quiere que ellos hagan. Estos actúan por si mismos, donde hay mas fe que conocimiento provocando dolores de cabeza en el reino de los cielos.

Saulo, en su propia misión de someter a los del camino, por todas las vías tanto legales como judaicas y aprovechándose de todas las herramientas posibles sembró el temor. Entendiendo que el momento era, por la muerte de Jesucristo, creo lo que podemos decir un infierno para la iglesia, dispersándolos. Ahora bien cuando el amor esta sobre fundamentos erróneos se convierte en enemigo primero, del que lo practica segundo, en quien es ejecutado. La iglesia estaba siendo afectada por lo que a Saulo, le parecía lo correcto. Ya sea por la religiosidad y legalismo de su celo mal infundado, porque fue así enseñado. En los fundamentos erróneos de hombres los cuales provocaron una persecución donde los Santos, fueron desterrados, abatidos, encarcelados y muertos. Porque ese fue el resultado de un odio que se conoce como celo y que aparenta tener las bases en el amor.

Un hombre que estaba en contra de la iglesia y del que formó la iglesia. Que estaba en contra de los fundamentos de la iglesia de Dios. La determinación de un hombre junto con el conocimiento de lo que se le había enseñado y aprendido en la religión farisea, estaba dando resultado. El se había preparado, para juzgar y estaba ejecutando su trabajo. Entonces como consecuencia de esa doctrina tenía que emerger alguien que corrigiera lo que aparentaba ser incorrecto. Una nueva doctrina que había aparecido de la nada por un hombre que había sido ya muerto en la cruz. Pero que sus seguidores estaban más animados y fuertes que antes y se estaban multiplicando. Milagros y hechos gloriosos y poderosos estaban sucediendo por toda las regiones de Jerusalem, Samaria y áreas adyacentes. No se podía permitir que esto que esta pasando continuara sucediendo porque no era normal y no lo entendían. Así que alguien tiene que actual por el bien de las tradiciones y la religión farisea o sea cual sea y este es Saulo.

"Saulo, respirando aún amenazas y muerte contra los discípulos del Señor, vino al sumo sacerdote, y le pidió cartas para las sinagogas de Damasco, a fin de que si hallase algunos hombres o mujeres de este Camino, los trajese presos a Jerusalén» (Hechos 9:1-2).

Esta falta de conocimiento de Pablo, sobre Cristo, lo había resueltamente llevado hacer una amenaza real contra la iglesia. Pero Dios ya había determinado que la determinación de Pablo, la habría de cambiar (decisión de Dios) para que fuera una de bendición en su reino. Jesús tubo que intervenir directamente de una forma fuerte, elegante y precisa, para controlar lo que para los cristianos era incontrolable. Cambiar en un cerrar y abrir de ojos la mente y la vida de un hombre dandole una real y definida revelación del verdadero Dios. Con un celo real y verdadero de amor por Dios y para Dios. Este celo no fundado en vanas doctrinas humanas sino en fundamentos de amor por el Espíritu Santo.

Pablo, fue lleno del Espíritu, cuando Ananías oró por él cayendo las escamas de los ojos no solo literalmente sino también las espirituales. Las cuales le estaban impidiendo ver las realidades del verdadero amor de Dios y su verdadero celo. Una vez sucedido esto comenzó Pablo, a predicar el reino de los cielos, en los fundamentos de Cristo, que son de amor. Cuando Pablo, comenzó a predicar al que perseguía (CRISTO) entonces hubo paz por la región y crecían (Hechos 9:31).

Dónde en Pablo, estaba el enemigo? sino, en su confundido amor, el cual lo estaba llevando a pelear en contra del Dios, que el pensaba que estaba defendiendo. Ese amor estaba causando terror, desolación, cárcel y muerte porque era un amor errado y fuera de la voluntad del verdadero amor de Dios (Hechos 5:35-42). En la vida de este Apóstol, antes de serlo entiendo que reinaba un desenfoque total de lo que el estaba viviendo. El estaba junto a las semillas que caían a los lados. Pablo, estaba junto al camino, no estaba en los de ese camino, sino que el estaba junto al camino. El miraba de cerca lo que estaba pasando, lo que sucedía. Pablo, no era parte del movimiento real, no estaba trabajando, ni era parte del reino, porque los ciegos están a los lados del camino. Pues son estorbo a los que caminan libremente, porque no ven, por su condición de fariceo. Esta condición le impedía estar con los del camino, y ver la obra que Dios realizaba con ellos, y en ellos los cuales, el comenzó a perseguir y asolar. "Cuando alguno oye la palabra del reino y no la entiende, viene el malo, y arrebata lo que fue sembrado en su corazón. Éste es el que fue sembrado junto al camino" (S. Mateo 13:19).

No podemos olvidar lo que Cristo dijo referente a la semilla que cae en la tierra junto al camino. Pablo era de esa semilla que cayó al lado del camino, donde vinieron las aves del campo y comieron la semilla que se tiró a la tierra. Recordemos que la semilla es la palabra y la tierra es el corazón, como él se quedó al lado del camino no podía saborear, ni entender las palabras que Jesús, que a los del camino les hablaba. Por tanto para Pablo, poder hacer su trabajo de apresar y encarcelar tenia que tener de la forma que fuera contacto con los del camino aunque fuera momentáneamente, por permisos legales o autorización. El no sabía que estaba entrando en el corazón y cabeza de la iglesia la cual, es Cristo. Por eso cuando este iba por el CAMINO, persiguiendo a la iglesia hacia Damasco, Cristo, se le tuvo que aparecer. Pablo, mismo dice, "como un abortivo de la naturaleza" porque la perseguía, realmente estaba persiguiendo a Cristo; "Él dijo: ¿Quién eres, Señor? Y le dijo: Yo soy Jesús, a quien tú persigues; dura cosa te es dar coces contra el aguijón" (Hechos 9:5).

Pablo, entró en contacto para mal en el camino de la iglesia, pero Dios mismo la defendió, porque somos su máxima expresión de su gloria en la tierra el propósito por el cual Cristo murió, su novia.

El desenfoque de este hombre llamado Pablo, Dios, se encargó de enfocarlo, porque en él había amor. Pablo, no sabía como darlo, como expresarlo, porque estaba errado por sus creencias. Pero, cuando fue trasformado, dejó su antigua vida y con ellas su antiguas creencias. Naciendo en Jesús, el que lo tiró a tierra para que se humillara cegándolo por la luz de su justicia. Para que en un proceso de arrepentimiento empezara a creer y fuera bautizado naciendo de nuevo. Y así comenzar junto a los de este camino es decir, con nosotros la iglesia, la obra de justicia que Dios había determinado darle por amor a los gentiles y a su reino. (Hechos 9:15-16)

Dios cambió todo el panorama en la vida de este, le cambió su nombre de Saúlo de Tarso a hermano Pablo. Le comisionó a predicar la palabra a los Judíos y los gentiles principalmente. Y tomó la decisión de que le sería necesario padecer por su nombre, eso fue algo que aprendió en el camino y que aceptó con aptitud de buen cristiano. Esto provocó en el Apóstol una tan intima relación con Dios. Dándole como resultado el que recibiera tantas lindas y profundas revelaciones del reino de los cielos, para los del camino, es decir, para el enriquecimiento de la iglesia. "Por esta causa yo Pablo, prisionero de Cristo Jesús por vosotros los gentiles" (Efesios 33:1).

"Yo pues, preso en el Señor, os ruego que andéis como es digno de la vocación con que fuisteis llamados, con toda humildad y mansedumbre, soportándonos con paciencia los unos a los otros en amor" (Efesios 4:1, 2 RVR60).

Entonces, este Apóstol, aprendió que el amor era el vínculo perfecto para poder lograr las metas en el Señor, en lo espiritual. En la unidad en el ser uno como Cristo y el Padre son uno. Vemos a este ex-perseguidor de la iglesia expresar y manifestar en sus escritos la importancia de la unidad en el amor.

El amor cuando esta fuera de enfoque provocará en ti desacierto o fracaso. "Habiendo yo sido antes blasfemo, perseguidor e injuriador; mas fui recibido a misericordia porque lo hice por ignorancia, en incredulidad." (1 Timoteo 1:13). Si la línea de tu amor, no está en la línea del amor de Dios, desvía lo trazado por Dios. Porque Dios, a través de su misericordia trabaja con nosotros. Y con su trato en nuestras vidas producir un mas excelente peso de gloria. El cual es un proceso que nos acercará a ÉL, hasta llegar a ser santos y sin manchas por su amor. En la medida y talla que el quiere que vistamos las vestiduras reales de reyes y sacerdotes.

Pablo, había sido blasfemo, perseguidor he injuriador, ademas de ignorante en incredulidad pero por misericordia de Dios recibió el llamado el cual es para todos porque es uno de amor." Pero por esto fui recibido a misericordia, para que Jesucristo mostrase en mí su clemencia, para ejemplo de los que habrían de creer en él para vida eterna (1 Timoteo 1:16).

Pablo, se había salido de la linea que Dios ha trazado para control de los suyos.

Y cuando eso sucede Dios actúa para mantener controles pues estamos cruzando los límites que Dios ha dispuesto. Son aguas profundas en las cuales no debemos sumergirnos para no ahogarnos en ellas. "Por cuanto todos pecaron están destituidos de la gloria de Dios" (Romanos 3:23-24). Pero por este misericordioso y clemente amor se nos ha ofrecido la vida eterna a través de Jesucristo. Y todo por amor.

4- EL AMOR COMO ENEMIGO EN EL REY DAVID: "Y sucedió un día, al caer la tarde, que se levantó David de su lecho y se paseaba sobre el terrado de la casa real; y vio desde el terrado a una mujer que se estaba bañando, la cual era muy hermosa. Envió David a preguntar por aquella mujer, y le dijeron: Aquélla es Betsabé hija de Eliam, mujer de Urías heteo. Y envió David mensajeros, y la tomó; y vino a el, y él durmió con ella. Luego ella se purificó de su inmundicia, y se volvió a su casa" (2 Samuel 11).

Ciertamente es una triste historia, pero una realidad, una mancha en el vestido de el rey David. Una acción poco loable de un hombre que dicho por Dios, tenía un corazón conforme al de Él, y esto sí es algo loable. Pero podemos ver nuestra tan frágil naturaleza donde los hombres más cerca, más fuertes y más nobles con Dios no dejan de estar exentos de cometer pecados. Tan atroz y tan calculados pecados, como el cometido por el rey David. Aquí podemos ver como la naturaleza de la carne, fue su más grande enemigo. Hombre valiente que mataba a diez miles y cortaba cabezas de gigantes, porque aún los enemigos sabían que era el ungido de Dios. Hombre conducido por Dios, hasta llegar a lo más alto en liderato de un país. Y contar con todo lo que un hombre de su posición puede contar siendo rey, y favorecido por Dios. En todas las áreas favorecido, viviendo lo que no había pensado vivir porque Dios, lo había elegido como también te ha elegido a ti con un propósito.

Nuestras vidas es el resultado de nuestras acciones, de nuestras decisiones en diferentes tiempos de nuestra existencia. En el caminar por esta vida, todos los días Dios, nos esta evaluando, pienso yo. Porque sus ojos están puestos sobre nosotros para corregirnos y enmendar o cambiar actitudes que provocan las malas acciones. Porque nuestra naturaleza es justificar nuestros actos y esconderlos. (*naturaleza de la carne*)

Tenemos amados que leer este capítulo de (*2 Samuel 11*) varias veces y hacer pensamiento profundo de lo que encierra esta acción de un hombre honorable para con Dios, primeramente y luego para con el prójimo, porque era justo y temeroso.

Una vez el rey, se allegó a Betzabe, mujer de Urias el heteo, uno de sus más nobles y valientes soldados. Con un sentido de responsabilidad, ética y moral muy altos y definidos, el Rey, trato de encubrir su acción con el engaño. Entonces vemos como el pecado trajo traición, engaño, manipulación, muerte y también maldición. Pero las maldiciones como consecuencia de nuestros pecados muchas veces toman su tiempo en dejarse sentir.

En el caso de el rey David, este pecado fue de mucho más pesó. Primero, por quien era el rey David, y a quien había matado. Segundo, por su relación con Dios, su cercanía, pues era el ungido, por y de Dios. Tercero, por la obra que Dios había echo en él y cuarto, por lo que Dios, tenía en mente planificado hacer en él y con su linaje.

El era un modelo de hombre digno de imitar y no habían dos en el reino como el, pues además de ser rey, primero, fue pastor de ovejas. Fue músico, cantante, soldado, compositor, profetizó a través de su salmos. Hombre de fe, de amor y su corazón dicho por Dios, era conforme al corazón de Dios.

Detallemos este proceso y su pecado (2 Samuel cap. 11)

1. (v.s 1) "Aconteció al año siguiente, en el tiempo que salen los reyes a la guerra, que David envió a Joab, y con él a sus siervos y a todo Israel, y destruyeron a los amonitas, y sitiaron a Rabá; pero David se quedó en Jerusalén "(2 Samuel 11:1).

Tal vez el éxito con el que estaba siendo cubierto y la prosperidad como resultado de las guerras y batallas provocaron la mala decisión de quedarse en su palacio. Cuando se suponía que debía haber ido a la guerra (... *"pero David se quedó en Jerusalem")*.

2. (v.s 2) "Y sucedió un día, al caer la tarde, que se levantó David de su lecho y se paseaba sobre el terrado de la casa real; y vio desde el terrado a una mujer que se estaba bañando, la cual era muy hermosa." (2 Samuel 11:2 RVR1960).

Claramente aquí dice que el rey estaba sin hacer nada pues se levantó de su lecho en la tarde. Y se estaba paseando sin hacer nada, estaba buscando que hacer pues era joven. Se suponía que debería estar en la guerra haciendo el trabajo de rey, el cual Dios, le había dado. Y por el contrario estaba aburrido en su palacio tal vez buscando que hacer. Y la mente empieza a maquinar ideas no muy buenas porque Pablo, dice que el espíritu está presto pero la carne es débil. Job añade en sus tantos comentarios que nuestro corazón no se valla detrás de nuestros ojos (Job 31:7). De ambas cosas fue objeto David.

3. (v.s 3) "Envió David a preguntar por aquella mujer, y le dijeron: Aquélla es Betsabé hija de Eliam, mujer de Urías heteo" (2 Samuel 11:3 RVR1960).

Claramente aquí detalla que él se aseguró de saber, pues había duda de quien era esa mujer y a quien pertenecía pues Urias, era un soldado que decenas de veces había estado en las guerras junto a él. Entendamos pues que el tenía el conocimiento de hasta donde podía llegar. Más sin embargo decidió continuar sabiendo que no debió haber cruzado la línea trazada por Dios en los mandamientos. Pero la mente estaba maquinando ideas producto de nuestra naturaleza, de nuestra debilidad. Ideas que se van alojando en nuestra mente producto de nuestro ver y oír. Y pueden afectarnos, dañando nuestro corazón y nublando nuestros pensamientos. Aunque sea temporeramente pueden traer graves consecuencias sobre nuestras vidas.

David, tenía que quedarse en la antesala, no debió abril la puerta a la tentación, que estaba tocando su corazón, tenia que quedarse en la introducción. Hacer como hizo Jose, de Egipto, correr. Lo mejor hubiera sido que no hubiera habido introducción, para no llegar a la tentación. Porque una vez se abre esa puerta la única alternativa es salir corriendo, para no pecar contra Dios, lo que hizo José, de Egipto. No importa la abras tu, o sea abierta por otra persona.

Entonces vemos aquí dos historias parecidas de dos siervos de Dios, en tiempos y circunstancias diferentes pero delante del mismo Dios. En el caso de José, este fue el afectado porque fue la víctima de una persecución de acoso sexual. Pues se puede decir que la mujer de Potifar, era la empleadora, la jefa.

En el caso del rey David, este fue el victimario, porque abusó de su poder, confianza y posición para beneficiar su ego. Además, satisfacer una necesidad sexual con alguien en especifico, cuando tenía otras tantas en su harén, puestos era las normas de los reyes.

El paralelismo aquí es que siendo ambos siervos honrosos de Dios, actuaron diferentes conforme su corazón le dictó. Y cuando centramos y concentramos en Dios el amor de cada uno de ellos, uno amo y el otro no. Pero fue en ese momento específico en el que pesaron los corazones. Uno amó a Dios, cuando aún no habían sido escrito los mandamientos. Porque su fe en Dios, le decía que estaba mal la proposición que le hacía la mujer de Potifar. En el caso de el rey David, este falló en esta prueba de amar a Dios, él debió haberse negado al deseo, porque era una forma y manera distinta de adoración a la que estaba acostumbrado.

El amor que el rey David, le negó a Dios en ese momento, y en los siguientes meses después de haber concebido el pecado, actuó como enemigo en alguien que no hay duda que amaba a Dios. La situación aquí fue el darle lugar al deseo. "Pero si no haces lo bueno el pecado está a la puerta y te seducirá" (Genesis 4:7). No fueron parte de las palabras que le dijo Dios a Caín?

Ahora entendamos que estos primeros tres versos son la introducción de un acto que pudo haberse evitado por cualquiera de ambos lados. Porque en el caso de José, de Egipto, se quedó ahí en la introducción, cuando la mujer de Potifar trató de doblegar sus convicciones de lo prohibido (esto es fe, moral y ética). ¿Y cuantos de nosotros nos hemos quedado en la introducción, para no pecar contra Dios y hacer mal al prójimo?

¿No es esto amor, no es esto amar al prójimo como a ti mismo? ¿Como hubiera sido, si hubiera pasado todo lo contrario y David hubiera sido el agraviado ?. ¿Que acción hubiera tomado David, con su autoridad y su poder?.

4. (v.s 4) *"Y envió David mensajeros, y la tomó; y vino a él, y él durmió con ella. Luego ella se purificó de su inmundicia, y se volvió a su casa" (2 Samuel 11:4 RVR1960).*

Lo que en la mente de David, se estaba gestando concibió, en el pecado cometido, adulterio. El cual en aquellos días se pagaba con la muerte. Hoy día, espiritualmente se continúa pagando con muerte sino, nos arrepentimos.

5. (v.s 5) *"Y concibió la mujer, y envió a hacerlo saber a David, diciendo: Estoy encinta. (2 Samuel" 11:5 RVR1960).*

El pecado comienza a producir frutos no deseados. Comienza a justificar sus actos con soluciones cobardes, para salir del paso. Porque nos apresuramos y cometemos el pecado, entonces tenemos que buscar remedios. Y comenzamos poniendo un remiendo de tela nueva, en un vestido viejo o podrido. El resultado es que no va resistir el vestido el remiendo nuevo rompiéndose. Hay que buscar soluciones a la acción que se tomó previamente en la introducción. Porque cada acción tiene una reacción. Y el estar encinta fue el resultado de esa acción. El pecado consumado trajo como consecuencia más pecado. Lo cual puede llegar a ser una maldición si no se corta de inmediato. Es como un cromosomas, un bollo de hilos que se ha deshilado por algún lado. Y no sabemos ni podemos ordenarlo en su forma correcta. Es un hilo muy fino el que forma una bollo (enredo) de hilos. Y esto se hará difícil de desenredar.

6. (v.s 6, 7, 8, 9) *"Entonces David, envió a decir a Joab: Envíame a Urías heteo. Y Joab envió a Urías a David. Más Urías, durmió a la puerta de la casa del rey con todos los siervos de su señor, y no descendió a su casa" (2 Samuel 11:6, 9).*

En estos cuatro versos vemos la manipulación por encubrir el pecado. El esfuerzo por evitar salieran a la luz todos sus actos impúdicos. El manipuló al traerlo de la guerra para que durmiera con su esposa, y así encubrir el pecado cometido, porque ella había concebido. Lo que no prevemos es que Dios, como nos ama nos disciplina. El azota a todo aquel que a tomado por hijo. Dios puso *inconformidad en Urias, primero de venir y segundo de ir a su casa con su mujer. Porque Dios estaba en este asunto para hacer justicia y enseñar misericordia.*

7. *(v.s 11) "Y Urías, respondió a David: El arca e Israel y Judá están bajo tiendas, y mi señor Joab, y los siervos de mi señor, en el campo; ¿y había yo de entrar en mi casa para comer y beber, y a dormir con mi mujer? Por vida tuya, y por vida de tu alma, que yo no haré tal cosa" (2 Samuel 11:11).*
Ciertamente la nobleza, fidelidad y honra de este Heteo, realmente es símbolo de admiración y contemplación. Esto es parte de ese carácter que se va desarrollando en un valiente soldado. El cual conoce su responsabilidad y está centrado y concentrado en cuanto a sus deberes. Como soldado consciente y guerrero Urias, dice; "El arca e Israel y judá están bajo tiendas y mi señor y los siervos de mi señor, en el campo";... Esto es conocimiento espiritual con relación a su lucha de vida por el pueblo de Israel. Entonces conocer, entender y saber porqué tu vives y estas dispuesto a morir, habla de un carácter noble. Por eso pienso, Dios lo había prosperado aún no siendo Judío. Y parte de la bendición era su mujer y compañera, Betzabe.

8. *(v.s 12,13) "Y David lo convidó a comer y a beber con él, hasta embriagarlo. Y él salió a la tarde a dormir en su cama con los siervos de su señor; mas no descendió a su casa. (2 Samuel" (11:13 RVR1960)*
Continuamos viendo las manipulaciones del el rey por encubrir su pecado, producto de su adulterio. Y así a través del engaño provocar el encubrimiento.

9. *(v.s 14 -17) "Venida la mañana, escribió David a Joab una carta, la cual envió por mano de Urías. Y escribió en la carta, diciendo: Poned a Urías al frente, en lo más recio de la batalla, y retiraos de él, para que sea herido y muera. Así fue que cuando Joab, sitió la ciudad, puso a Urías, en el lugar donde sabía que estaban los hombres más valientes. Y saliendo luego los de la ciudad, pelearon contra Joab, y cayeron algunos del ejército de los siervos de David; y murió también Urías heteo" (2 Samuel 11:14-17).*
¿Hermanos que usted piensa de esta decisión del rey David, por encubrir un pecado de esta magnitud? El pecado provoca más pecado si no es puesto a luz y cortado. No se cuál de los pecados cometidos en

este proceso tiene más pesó. Si el adulterio, él haber matado, o haber abusado de su autoridad. Apropiarse de algo que no le pertenecía, la mujer de Urias Heteo. Pero tenemos que añadirle la manipulación, engaño y abuso de sus recursos. Utilizando esos recursos con toda la intención, para justificarse. Recordemos que el como Rey, tenía todo un andamiaje trabajando a su favor, lo que el Rey, olvidó fue el tomar en poco la palabra de Jehová (2da Samuel 12:9).

10. (v.s 24-25) "pero los flecheros tiraron contra tus siervos desde el muro, y murieron algunos de los siervos del rey; y murió también tu siervo Urías heteo. Y David dijo al mensajero: Así dirás a Joab: No tengas pesar por esto, porque la espada consume, ora a uno, ora a otro; refuerza tu ataque contra la ciudad, hasta que la rindas. Y tú aliéntale. (2 Samuel" 11:24-25).

Biblia las Américas 11:25 dice; "Entonces David dijo al mensajero: así dirás a Joab;" no tengas pesar por esto, porque la espada devora tanto a uno como al otro;haz más fuerte tu combate contra la ciudad y destrúyela, tu aliéntalo."

Las sutilezas de las palabras bajo el andamiaje de la traición, por los que se supone sean amigos de confiar. Y aún más cuando tu vida esta en juego, se dejan ver claramente en los versos (18-23). Pero este arte de el engaño es al que nos conduce el pecado. El cual nos va entrando más y más hasta llegar al lodo. Donde nos imposibilita poder hacer lo correcto y salir del enredo creado. Las técnicas utilizadas en este proceso de cubrir un pecado llegó al extremo. Y por las personas envueltas dejan claro nuestra débil naturaleza. Dejan claro lo frágil y expuestos que estamos diariamente. Por eso tenemos que orar a Dios, diariamente que nos libré del engaño. Tenemos que orar que no nos deje caer en la tentación.

El rey David, dijo gran verdad al hablar sobre la espada y expresar que la espada consume tanto a uno como al otro, porque esta discierne todo intención del pensamiento y penetra hasta lo más profundo del alma. Porque la palabra es Cristo, y es para hacer justicia.

11. (v.s 26- 27) "Oyendo la mujer de Urías que su marido Urías era muerto, hizo duelo por su marido. Y pasado el luto, envió David y la trajo a su casa; y fue ella su mujer, y le dio a luz un hijo. Mas esto que David había hecho, fue desagradable ante los ojos de Jehová" (2 Samuel 11:26-27).

Dios hace justicia en nuestras vidas por su palabra porque la espada es para el uno como para el otro. Entonces humanamente todo estuvo bien calculado, y planificado. Pero ante los ojos de Dios, todo cuanto habían hecho fue desagradable. Aún no se hacía venir las causas y efecto reales en la vida de ambos como consecuencia de su acto.

En el capítulo 13 de 2 Samuel, encontraremos la desgracia de Tamar, por parte de su medio hermano Amnón, al deshonrarla porque estaba enfermo de amor por ella. Y de la venganza y huida de Absalón, por cobrar justicia por la deshonra de su hermana. Y que es esto?; sino maldiciones de puertas que se abren como consecuencia de nuestros pecados. Malas desiciones las cuales afectarán a nuestra casa porque la espada de Dios, es para uno y para el otro.

12. (2 da Samuel 12:1-7) Relato de parte de Dios, por el profeta Natan, al rey David, donde Dios le deja saber, ver y entender la magnitud de su pecado cometido y la acción que se ha determinado en contra de él, se pueden ver en los versos. (2daSamuel 12:7-18).

Hermanos no es posible querer acercarnos a Dios, sin que el fuego de su Santidad nos toque. Consumiendo en nosotros impurezas, eliminando males y santificando nuestras vidas. No podemos acercarnos sin que este nos toque, produciendo en nosotros en este caso la retribución de nuestros actos. Cuando estamos cerca de Dios, el fuego que nos ilumina es mas intenso. Por lo tanto también es nuestra vida para con Dios, más intensa. Así deberá ser nuestro testimonio para con el prójimo. Y así mismo las demanda que el nos ha de hacer. (porque lee en la palabra que al que mucho se le da mucho se le demandara). David, como consecuencia de su cercanía con Dios, su fuego le tocó. Y entendió más el rey la santidad de Dios.

"Y vino uno de camino al hombre rico; y éste no quiso tomar de sus ovejas y de sus vacas, para guisar para el caminante que había venido a él, sino que tomó la oveja de aquel hombre pobre, y la preparó para aquel que había venido a él" (2 Samuel 12:4).

Ese caminante, es la necesidad sexual expresada como deseo que viene a la vida de todo hombre y que hay que saberlo manejar. David tenía muchas ovejas y vacas es decir tenía muchas mujeres en su aren. De donde pudo haber tomado alguna para satisfacer su hambre es decir su deseo sexual. Pero el egoísmo tomó fuerza en su pensamiento alojándose en su mente. Martillando y moviéndose como una piedra sobre nuestros zapatos. Produciendo incomodidad y dolor emocional por la lucha tal vez generada en su mente. Es ahí donde amados se pelean las grandes batallas. Y aunque tal vez no lo hallamos pensado ahí en la mente es donde se han de ganar. Ese egoísmo momentáneo provocó la falta de amor. Hizo a su vez que se olvidara de la palabra tomando esta en poco, pecando contra Dios. Porque la primera batalla que Cristo enfrentó antes de ir a la cruz, fue la lucha mental cuándo estaba en el huerto de Getsemany. Donde oraba con intensidad que pasara de sobre Él, esa copa. Pero que no se hiciera su voluntad, sino la del Padre. Aunque son circunstancias totalmente diferentes, el paralelismo aquí es la mente y las luchas que se ganan y se pierden aquí. Porque el ser fuerte en tu mente habla de todo tu ser, alma y cuerpo porque (esta domina sobre tu cuerpo). Y eso te sumará a una aptitud mental positiva, lo que provocará resistencia. Donde la fe, tomara una gran parte de esa suma. Y abonará a nuestras fuerzas y aún en nuestra debilidad, seremos fuertes porque Dios, a través del Espíritu Santo, nos complementa.

Capitulo 6

CIERTO HOMBRE... ¡MODELO DE HOMBRE!

Esta es la historia de un hombre amante y apasionado de modelos de carros antiguos.

Siempre este hombre se la pasaba buscando, rebuscando en revistas y en programas de televisión. Este hombre además de ir a las exposiciones de estos carros antiguos, también era participe de un club. Donde hasta los trabajaba junto con otros compañeros arreglando estos modelos de vehículos antiguos. Su pasión mas que nada estaba ahí, en lo que hacia desde muy joven, dirigido por esa linea pues lo heredó de su padre, el cual había sido igual que él.

Este hombre como producto de esta desordenada pasión y lo que esta haciendo, ha provocado que pierda el enfoque total y la justa perspectiva de la vida. Se ha olvidado de lo que realmente es importante. Esto ha provocado la perdida de su matrimonio y sus hijos también su hogar, y familia. Porque para él, no habido espacio sino para los autos especialmente los modelos antiguos. Por la razón que fuera lo llenaban provocando en él un desacierto. Esta pasión marco negativamente su vida personal y familiar, pues nunca tubo el tiempo, para invertir tiempo, en su familia. Pues éste era su pasión, su trabajo que le consumía básicamente todos los días. Los fines de semana se los pasaba como es de suponer en las exposiciones, reuniones y competencias, ademas de ferias y mas. El tiempo que invertía le daba mucha satisfacción y dinero por los negocios que constantemente hacia. Ciertamente estaba teniendo éxito por los arreglos, compras y ventas de modelos de autos antiguos.

Un domingo en la tarde este hombre venia manejando en su antiguo vehículo. Regresaba de una de sus muchas actividades de autos y llegando a cierta intercesión o, semáforo se encuentra con esta situación; carretera mojada y resbalosa por el frío, luz amarilla cambiando a roja, espacio estrecho, un auto modelo antiguo de muy alto precio deteniéndose. Entonces un hombre anciano empezando a cruzar la calle pues la luz estaba roja en fracciones de segundos. El tuvo que tomar la decisión de a donde habría de dirigir su vehículo. Pero al no querer chocar el vehículo ya detenido a su derecha y no pudiendo detener su auto totalmente impactó contra el anciano. Al bajarse para ver como este estaba el anciano le dice, caminaba para el cumpleaños de mi mejor modelo de nieto. Por favor he aquí llévale este mi regalo y murió. (un modelo antiguo de auto, adentro el abuelo con su hijo y su nieto) que juntos habían elaborado.

Día después el hombre dolorido y apesadumbrado, llega donde la familia al velorio. Y se disculpa diciendo quien era y que lo sentía tanto entregándole el regalo al nieto. Este le dice; él fue mi mejor modelo de abuelo que yo tenía, el padre que estaba con su hijo dijo; es el mejor modelo de padre que teníamos, su abuela dijo es el mejor modelo de esposo que jamas pude haber tenido, la madre del niño dijo, es el mejor modelo de suegro que cualquiera puede desear, un amigo de toda la vida y vecino le dijo es el mejor modelo de amigo y vecino que jamas alguien pueda tener.

En el lugar donde se encontraba el cuerpo comenzó a ver fotos de autos antiguos de modelos de carros vistos en revistas. Además vio gentes que el conocía del ambiente de autos antiguos. En esas fotos aparecía la persona que el había accidentado. Mas adelante logra ver un amigo de él, y cuando comienzan hablar su amigo le dice; este es del que yo te decía que no había ninguno como él en la automotriz antigua. En cuanto los modelos de carros antiguos y su restauración, era el mejor. Él era el que siempre quisimos conocer pero se había retirado de la vida activa de la automotriz antigua. Pues se había dedicado por completo a su familia. Fue un hombre muy sabio en cuanto a lo que siempre hizo, ademas que su gran pasión siempre fue Dios y luego su familia. El hombre le preguntó como tu sabes eso y su amigo le dice que cuando el se retiró dio esas razones como algunas de las motivaciones que provocaban su retiro. Ademas de que sus hijos estaban en etapas que necesitaban de él, y que una sola ves en sus vidas su hijos iban a tener 11,12, 13, años. Y sucesivamente así él tenia y quería estar con ellos para gozarlos como padre y poder compartir con ellos en todos los aspectos de la vida. Hasta que se hicieran hombres y después tuvieran un modelo de padre, en el cual se pudieran fijar y modelar. Y por lo que veo lo ha logrado.

El le dice a su amigo, yo fui quien lo accidento matándole, y pude haberlo evitado. Pero decidí defender lo que a mi juicio en ese momento me apasionaba. Porque pensé que lo mas importante eran los modelos de autos antiguos y sus cuidados. Y he terminado con la vida de una persona que siempre fue mi inspiración y la cual nunca conocí. Cuando el me habló me dijo antes de morir en mis brazos dale este regalo a mi mejor modelo de nieto pues hoy es su cumpleaños. Yo no puedo dejar de ver en mi mente la ternura, la paz y aún el amor con que me miró. Y sus suaves palabras para su nieto y en su mirada había perdón para mí. Ahora entiendo el hombre que fue, porque la esencia de su vida ha impregnado de amor, paz, misericordia y fuerza de carácter a toda la familia. Todos hablan el mismo idioma, el del amor. Ninguno, cuando les dije que yo había sido el culpable me incriminaron y menos me rechazaron. Al contrario me han hablado de que él ha sido lo mejor que les ha pasado en sus vidas, siendo el mejor en todo. Mejor padre, mejor abuelo, mejor esposo, etc. El amigo le dice, nuestras vidas no están completas si en nosotros no esta Dios, porque Cristo, lo llena todo en todos y de su plenitud todos tomamos gracia sobre gracia por su palabra. Debemos de realizarnos en Cristo, porque en el caminar con Él, nos irá determinando en nuestras vidas nuestro camino y su tiempo en lo que hagamos. ¡Mira como tu estas! solo, sin tu esposa e hijos, sin tu familia, y fuera de tu hogar, te he dicho antes que ha sido por ti. Tu has descuidado a tus hijos y están creciendo sin ti, ¿donde se supone que tu estés? Sino ayudando en su crianza y dándoles el apoyo que ellos necesitan para que estén preparados para enfrentarse con los retos. Retos que la vida les va presentar, porque esto es ley de vida. Ahora bien, está en ti el que aún tienes tiempo, para invertir a tiempo, y salvar a tu matrimonio he hijos. Haciendo lo que no has sabido hacer en estos años, amar a tu familia. Busca a tu esposa, e hijos, pídeles perdón y comienza nuevamente. Pero tienes que tener presente que solo, no podrás hacer la edificación de tu casa; "Porque si Jehová, no edificare la casa en vano trabajan los que la edifican"...(Salmo 127:1). ¿Pero como yo hago esto? Pregunta el hombre.., tienes que invitar a Cristo Jesús, a tu vida para que tome las riendas en ti y en tu familia, porque en tu arrepentimiento habrá justificación. Porque haz creído a Dios, donde por uno son justificados muchos y esto es a través de Jesucristo. Donde el que no cree ya ha sido condenado. Pero para los que hemos creído y hemos sido justificados por su gracia, regalo de Dios es. Regalo que tu deberás dar a través de tu sacerdocio, en tu familia, para que ellos caminen junto a ti. ¿Que es un sacerdocio? Es el modelo de hombre que Dios quiere que nosotros seamos en nuestros hogares, viviendo una vida sana, justa, piadosa y plena, llena de una relación con El. Relación donde halla un compromiso primero con Dios y después con tu familia. En la cual tu como padre, sepas llevar en orden tu hogar modelando a Cristo. Para que tu familia continúe por tu modelar igual camino a temer y amar a Dios sobre todas las cosas. Tienes que comenzar arrepintiéndote de lo que has hecho y de tu vana manera de vivir. Entonces dijo el hombre ¡sí me arrepiento! ¿quieres invitar a que Cristo, entre en tu corazón y trasforme tu vida? dijo el amigo !Si quiero¡ entonces oremos. Y el amigo llamó a la familia de accidentado y juntos oraron, presentando esa nueva alma a Dios, y hubo mucha alegría, porque el, !modelo de hombre¡ ya viejo que vivió por amor, aun después de su muerte por amor, continuaba dando vida. Porque el modelo de vida que Dios, había diseñado y creado en el anciano era uno que marcaría a muchos en la vida. Pero especialmente a los amantes de autos antiguos que necesitan ser inspirados y modelados por uno de los suyos. Tú modelo de vida, puede ser un tabernáculo de paz, amor e inspiración, para cuantos te vean en tu caminar diario. Inspirar a Cristo en otros por tu vida es un gran galardón.

Entonces hay que salir y hacer la diferencia en los lugares que Dios, nos envíe como consecuencia de la obra de modelo que Él, esta haciendo en nuestras vidas. Una obra de modelo bueno a lo sumo, el cual nos llevara a ser perfectos en Cristo, por amor para el mundo. Recordemos que si nosotros vivimos por la palabra, tenemos que morir por la palabra. Porque Dios, es amor.

MODELOS DE CARROS CLASICOS

En una exhibición de carros antiguos que tuve la oportunidad de ir, me llamó la atención uno que estaba todo viejo dañado y con moho. Además que nada de lo que había en el antiguo vehículo tenia atractivo. Los cables estaban todos regados y por fuera, tanto su interior como su exterior no lucía al lado de tantos hermosos vehículos ya arreglados. El motor de éste estaba mohoso y grasiento pero este fue el que me llamó la atención. Porque Dios, me ministraba que así somos nosotros cuando venimos a su vida. Pero, al venir a Dios, el como nuestro dueño al igual que el dueño de vehículos antiguos ve mas allá de los simples ojos naturales. Aunque estemos como estemos, Dios nos expone para que los ojos de todos nos vean y sepan la obra que Él esta haciendo en nosotros aunque no la entendamos.

Cerca de mi estaba uno de los dueños de los lujosos carros antiguos, me observaba mientras yo con interés especial me deleitaba mirando el antiguo carro que ya había comenzado a ser trabajado. Porque estaba limpio y se veía el interés que tenía el dueño, porque lo había llevado a la primera exposición de estos. Aunque todavía no luciera como en su pensamiento, y en su mente el dueño lo estaba viendo completamente transformado.

Porque así son los pensamientos de Dios para nosotros los que a precio de sangre por su hijo ha adquirido. Los cuales son pensamientos de bien y no de mal aunque estos sean temporeros y no eternos, ahí también habita Dios.

Pienso que uno de los dueños que me observaba de los modelos antiguos hermosos se decía ¿porque? observa a ese "vehículo", cuando hay a sus lados tantos otros tan detallados vehículos. Por eso lo observaba con tanta insistencia y admiración y a la misma vez alegría en mi corazón. Porque Dios, me continuaba ministrando del trabajo que el suele hacer en nuestras vidas. ¿Porque? Si habiendo tantos vehículos tan hermosos y rediseñados a un nivel casi de perfección humana, Dios, busca aquellos antiguos y/o modelos dañados. Que por el tiempo, clima o accidentes que por las condiciones de la transitada vida, en el camino solemos tener. Tengamos o no tengamos la culpa te daña en mucho o en poco. Y necesitaremos de alguien que nos corrija los daños o las imperfecciones desde la perspectiva de Dios (2da corintios 1:4-5).

Puede que en tu vida tengas mas preguntas que respuestas porque no vas a entender, porque Dios ha puesto los ojos en ti tan insistentemente. Es porque te está viendo ya transformado como en un hermoso carro. Con el lujo, brillo, elegancia, porte y mas de esas bellezas singulares que Dios, suele hacer en las personas cuando a el venimos. Porque nos ha traído con la promesa de un cambio en nuestras vidas, bellezas de esperanzas contra esperanzas por amor en Cristo.

Continuo meditando en lo que tal vez está pensando uno de los dueños de los hermosos carros que me esta observando. Y como me deleito en la hermosa pieza de carro que Dios me esta dejando ver, mientras ministra a mi vida. Algunos seguros de las puertas estaban incompletos, rotas las agarraderas para abrir y cerrar las puertas. Algunas desprendidas o no muy estables o firmes, los asientos en mal estado, algunas partes rotas y el suelo con sus alfombres inservibles y viejas. Además, con mal olor, esto se relaciona tanto a la vida de nosotros cuando venimos a Dios. Porque casi nada de nosotros funciona bien o esta a medio funcionar, porque andamos confundidos y desorientados. Y hasta con mal olor necesitando de limpieza y de una restauración.

Cuando todos y tantos detalles se van acumulando en nuestras vidas entonces viene a ser un caos, donde tiene que intervenir la poderosa mano de Dios, o el brazo fuerte de Jehová, Cristo Jesús. Entonces cuando el Espíritu Santo, interviene comenzará esa obra de remodelación en el carruaje de tu vida. El Espíritu Santo, es el mecánico que trabaja y opera en nuestras vidas donde Dios, es el dueño. Siendo

Cristo, el precio con que nos compro, precio de sangre y muerte para su padre.

No hay duda que cada uno de los modelos de vehículos antiguos que están siendo expuesto, han tenido que ser trabajados he intervenido para mejoras. Porque por su mantenimiento, pueda estar al nivel y calidad por las exigencias de la industria de carros remodelados. Estas requieren de un arduo trabajo, cuidado y preservado, donde su valor como tal no deprecie. Y así, no se eche a perder la inversión del dueño y los que en el auto han trabajado. Porque aunque este hombre exterior su cuerpo envejece, así como el auto el hombre interior se renueva, día tras día en Cristo Jesús. Y esto es a través de su espíritu.

Mientras prosigo observando el vehículo viejo se me acerca un niño de 10 a12 años de edad aproximadamente y me pregunta; ¡Señor! ¿Qué usted mira con tanta insistencia en ese vehículo? cuando hay otros tantos vehículos que ver, mejores que este. Realmente no sé niño, si tu puedas entender porque observo este vehículo. Pero es como si me estuviera hablando sobre el proceso que Dios suele hacer en nuestras vidas a través de muchas intervenciones y cambios graduales. Cambios en los cuales aparentamos no tener belleza, pero la esencia está ahí, porque el modelo de vehículo, eres tu, en tu vida está. Aunque no ha sido pulido, ni pintado, por eso todavía su brillo no se deja ver. Mira niño, este carro que con tanta insistencia yo observo esta sumido en un proceso, en cambios que tardarán dependiendo de lo que en el proceso de restauración el dueño que lo esta arreglando valla encontrando en el arreglo. Este antiguo carro costó un precio, pero cuando fue comprado el que lo adquirió no vio el carro viejo sino, que vio en el futuro inmediato el carro transformado, hermoso, y con gran precio especialmente su belleza interna y externa. Se le cambiarán muchas partes, se añadirán algunas que ha perdido, se le arreglaran otras que todavía están buenas, además se raspará, lijará, limpiará, pulirá, hasta quedar en la lata es decir en el metal. Para luego arreglar algunas bolladuras o golpes ligeros recordemos que es un carro viejo. Algunas partes tendrán que ser compradas nuevas y serán adaptadas a partes no tan nuevas. Tendrán que ser soldados y pulidas para que lo bueno y viejo que quedaba se una con lo nuevo. Para lograr así la belleza deseada en la forma del vehículo que el dueño esta arreglando. Y todo esto será hecho en todas las partes del vehículo aún en las que están bien ocultas, que nadie podrá ver ni sabrá su condición solo el que la trabajó, y el dueño.

Habrán partes trabajadas del vehículo que cuando se le de pintura no se le podrá ver tal cual era en su desnudes o metal. Porque la pintura es como un vestido que se le pone al vehículo, para que no se pudra el metal que es pintado. Se deberá hacer un buen trabajado para que no se dañe a los años de ser pintado. O sea que esta primera parte del trato en el que se esta corrigiendo los daños del vehículo tendrá que tomar el tiempo necesario para poder hacer un trabajo bueno en gran manera. Para que cuando le pongan el vestido (pintura) este no sea dañado por la corrupción que sale de su interior. Como sucede con nosotros los seres humanos cuando hacemos cosas malas, porque de nuestro interior sale. Tal vez se le de mas de una capa de pintura o sea lo vistan y lo revistan para asegurarse que no suceda así y cubrir el metal del carro o sea su desnudes. Para impedir su corrupción y no eche a perder su belleza en el vestido que Dios nos da.

Ahora bien el interior del vehículo es lo que menos se ve pero, en realidad es lo que le da más validez al carro ademas, de su seguridad confortabilidad y rendimiento. Sus asientos, sus controles, sus partes internas que para poder entender, tienes que familiarizarte y estar dentro de el y sentir el vehículo en tus manos, porque estas detrás del volante. Su sensación es el producto de mucho esfuerzo y trabajo de su dueño junto a otras tantas personas que de una forma directa o indirecta pusieron su grano de arena. La Biblia dice: "Jehová, esta conmigo entre los que me ayudan"; (Salmos 118:7)

Entonces el motor, el cual tal vez nunca has visto es el mas tratamiento que recibe porque es lo mejor que deberá funcionar. Este es en realidad el que mueve el carro y el motor, es sinónimo del corazón. Y junto con la transmisión (espíritu) la cual hace los cambios de marcha y fuerza del vehículo que te mueve a donde quieres ir. Para que este motor pueda funcionar al máximo tuvo que ser intervenido, corregido y arreglado sus daños. Y así, junto con la transmisión dar el rendimiento justo y necesario conforme su modelo, vehículo y el año, lo cual es la generación.

La seguridad, lo confortable y movilidad del vehículo en la carretera es el producto de lo que muchas veces menos vemos y/o apreciamos. Esta seguridad es en la que nos movemos una vez se haya finalizado la obra de restauración del vehículo, lo cual es el producto del tiempo, trabajo e inversión. Pero ¿sabes algo?, le pregunto al niño, no señor, este vehículo siempre estará sujeto al dueño para su mantenimiento porque como todo, estamos sujetos a deteriorarnos por el tiempo. El Niño, me dice ¿sabe algo señor?, no, le contesté, mi padre es el dueño de este vehículo y siempre acostumbra hacer lo mismo. El escoge los vehículos con mucho cuidado, buscando dentro de ellos y no lo entendí hasta ahora que usted me hizo ver lo que mi papá, me trato de explicar siempre...¿quieres conocerlo? él es pastor en una iglesia. El siempre nos dice que debemos tener fe en lo que hacemos y hacer siempre lo mejor, depositando en lo que hacemos nuestra pasión como Cristo, así lo hizo.

Al conocer al padre y luego de hablar sobre los temas que ya hemos mencionado me dice, yo al igual que usted, veo una obra de restauración en los carros, como la obra que Dios, hace en nosotros a través de procesos y cambios en nuestras vidas. Esto es una forma de entender las simplezas de Dios, y su grandeza. Es una forma de entender la grandeza de su amor para con nosotros. Opino que como yo busco en los interiores de los carros, Dios, busca en el corazón del hombre para llamarlos y trabajar en sus vidas, así como Dios, está trabajando en la nuestra. Nosotros somos el resultado de la intervención de Dios, y lo que yo veo en ti y lo que tú vez en mi, es parte del resultado glorioso de restauración que él siempre estará haciendo en nosotros, hasta que se manifieste lo que habremos de ser en su totalidad. Semejantes a Él, y transformados.

Varios años después de aquella experiencia con aquel hermoso carro viejo y sin transformar, lo logro ver pero... Es aquel niño ya hombre el que se está encargando de las restauraciones de los carros. Entonces el padre está exhibiendo su vehículo completamente inmaculado, restaurado y transformado. Lo realizó como siempre, lo vio en su mente y corazón. Pero esto fue el resultado de años de esfuerzo y trabajo, lo cual comenzó con un sueño de Dios, con nosotros.

Lo que más me llamó la atención y me ministraba Dios, es que aquel niño se hizo hombre. El estaba exponiendo un auto viejo sin hermosura aparente, al lado del auto de su padre. Tan dañado como el que su padre había expuesto la primera vez que logre verlo. Y se había propuesto como su padre trabajar en las restauraciones, pues así es que Dios, trabaja con nosotros.

CAPITULO 7

EL TEMOR O MIEDO

"**E**n el amor no hay temor, sino que el perfecto amor echa fuera el temor; porque el temor lleva en sí castigo. De donde el que teme, no ha sido perfeccionado en el amor." (1 Juan 4:18 RVR60).

Para que podamos entender lo relacionado con el temor, debemos entender que es el temor o miedo. Es una sensación habitualmente desagradable, es una emoción al rechazo natural, al riesgo y se manifiesta en todos lo animales incluyendo los seres humanos. Según Seigmund Freud, existen dos tipos de miedo, el real y el neurótico.

Actualmente existen dos (2) teorías sicológicas diferentes sobre el miedo;

1- El conductivo -dice que el miedo es aprendido.

2- El de la sicología profunda - dice que el miedo existente corresponde a un conflicto básico y no resuelto.

Desde el punto de vista social y cultural el miedo puede formar parte del carácter de la persona o de la sociedad. Como lo es el temor a la violencia en la comunidad en la que vives. Y el temor a perder lo que con tanto esfuerzo tu haz logrado acumular o posees.

Ahora bien debemos de entender que el miedo entró a las mentes como consecuencia del pecado. (Génesis 3:9,10)

"Mas Jehová Dios llamó al hombre, y le dijo: ¿Dónde estás tú?

Y él respondió: Oí tu voz en el huerto, y tuve miedo, porque estaba desnudo; y me escondí « (Génesis 3:9,10).

Parábola de los talentos, Veamos lo que el siervo inútil le dijo a su señor, que le dio un talento y esté lo enterró; "por lo cual tuve miedo, y fui y escondí tu talento en la tierra; aquí tienes lo que es tuyo" (S. Mateo 25:25).

El miedo o temor es una de las enfermedades mentales mas indeseables porque genera turbación y fracaso. Como producto del pecado te aparta de Dios, porque genera culpa e inseguridad. Porque te incomoda la consciencia de lo mal que hay en ti. Producto de no tener una conciencia limpia por el pecado como en el caso de Adan. Y el temor como el pecado paso a todos los seres humanos.

Entonces tenemos que entender que esta enfermedad o plaga ya ha transcendido los límites. Está generando una situación incontrolable lo cual está afectando lo que te compone como ser humano; tu naturaleza física, sexual, intelectual, emocional, social, espiritual, ético y moral. Toda esa esencia de ti que Dios creó, entonces al afectarse uno, todas las parte se afectan igualmente. Se pierde parte de la armonía, que Él, en su sola potestad, ha puesto en tu vida. El temor o miedo esta arropando al hombre en toda sus partes como tal, no importando su edad o género. Y considero que seguirá aumentando por falta del amor de Dios. Entonces el temor se puede referir a la anticipación de algún mal o al miedo como tal. Que por nuestra naturaleza y como seres humanos no podemos controlar.

En la Biblia, este se utiliza para señalar una actitud de reverencia y respeto. "Bienaventurado el hombre que teme a Jehová, Y en sus mandamientos se deleita en gran manera" (Salmos 112:1). Es decir temor reverente. Ahora bien, este temor nos trae confianza y seguridad a los que andan en integridad. "En el temor de Jehová, está la fuerte confianza; y esperanza tendrán tus hijos "(Prov.14:26-27). El estar definidos en los asuntos de Dios, es una cuestión de carácter y actitud. En el Salmos 86:11 dice; "Afirma mi corazón para que tema tu nombre".

El temor se obtendrá mediante la lectura de la palabra de Dios. El quiere que aprendamos temor de Él. Y que enseñemos temor a nuestros hijos a que guarden la palabra de Dios en sus corazones. Igualmente así a las generaciones para que nos valla bien. El guardar su palabra es obedecer sus mandamientos, vivir por los fundamentos que él nos ha dado. El guardar es provocar que su palabra suba a nuestros corazones, alojándose ahí. La palabra guardada en el corazón producirá vida, haciendo que la misma sea puesta en práctica. Produciendo frutos, porque ese fruto es la obediencia, como consecuencia del amor. El guardar se hace sinónimo de temor porque habla de guardar los mandamientos para no pecar o fallar a Dios, "En mi corazón he guardado tus dichos, Para no pecar contra ti «(Salmos 119:11). Entonces es reverencia, respeto, obediencia, el cual es temor reverente. Este temor es uno sano que ha de producir en nuestras vidas, sosiego, paz, confianza, seguridad y más, porque el resultado de este temor se convierte en obediencia, que es el resultado del amor a Dios.

CONSECUENCIAS DEL TEMOR O MIEDO

Que trae como consecuencia entonces el miedo, sino mas miedo y falta de estabilidad, confusión. Convirtiéndose en una gran bola de nieve la cual irá creciendo con el paso del tiempo. Generando <u>cromosomas</u> espirituales que harán difícil definir tu vida. Como consecuencia de las inseguridades y temores que han llegado a ti en el caminar de esta vida.

La Biblia dice; "y por haberse multiplicado la maldad el amor de muchos se enfriará" (Mateo 24:12). Y como consecuencia de ese enfriar por el pecado, la iglesia tiene que provocar un alto, a este crimen espiritual. Para que nuestros corazones no se contaminen, porque el miedo se mueve y se deja sentir como un desagradable olor. Donde las fieras naturales y también espirituales lo pueden oler procediendo entonces atacar. Porque se les hace presa fácil por el miedo, ya que en este hay turbación, confusión y es difícil que halla pensamiento claro.

Nosotros debemos por el continuo uso de la fe, desarrollar al máximo nuestros sentidos espirituales. Para así poder detectar no tan solamente el miedo, sino todo aquello que se mueve en nuestras vidas que puede dañar nuestra relación con Dios. Esto deberá ser de una manera defensiva, para así mantener nuestra relación espiritual con Dios sana. Porque nuestra relación está en juego y es extremadamente valiosa a los ojos de Dios. Y lo deberá ser para nosotros igualmente, porque; con el corazón se ha de creer para justicia por lo cual el salmista le dice a Dios, no me dejes desviarme de tus mandamientos...para no pecar contra ti.

Puede que halla muchos temores circundando aún en las iglesias. Entiendo que hay que saberlos detectar, pero no podemos confundir la "prudencia" con el temor o miedo. Porque estamos llamados a ser valientes, ya que solo así arrebataremos el reino de los cielos. Porque la palabra me dice que este reino hay que empezarlo a vivir aquí y ahora. Juan el Bautista, comenzó su ministerio diciendo que el reino de los cielos se había acercado. Cuando Cristo, comenzó también su predicación y con este su ministerio continuó con las mismas palabras que había utilizado Juan. Entonces que me dice a mi esto, sino que tenemos que comenzar a vivir en el reino de los cielos ahora. Aunque seamos peregrinos y extranjeros en este mundo, ya que nuestra ciudadanía es celestial. Así que el ser valiente es una cuestión de actitud, determinación y coraje para los asuntos de Dios, como lo fue el rey David. "Yo decido ser valiente". Cristo haciendo referencia al reino de los cielos dice "el reino de los cielos se ha acercado y este se hace fuerte y solo los valientes lo arrebatan" (Mateo11:12). Entonces debemos de empezar con valentía a desechar el miedo. Tal vez sea el primer gigante que tengamos que matar cortándole la cabeza. Ya que este es producto del pecado, y como con Adan, no nos escondamos ante la presencia de Dios. No nos escondamos delante de la presencia de su llamado. Porque estamos llamados a ser mas que vencedores por la fe en Cristo Jesús. Por la victoria que nos dio en la cruz, la cual es una vestidura de fe. La cual me provee los instrumentos de guerra para defenderme y atacar. La espada que es la palabra y la única arma ofensiva con que el cristiano cuenta. Y el conocer y saber utilizar las herramientas me hace un soldado de Cristo más efectivo. Donde todo soldado deberá ser valiente como los valientes de el rey David, y como los hombres de fe, que habla en hebreos once (11).

Pero en esta guerra, los asuntos espirituales tienen su lucha en la mente. La primera lucha que Cristo, tuvo antes de ser crucificado fue una lucha mental fuerte. Porque la mente domina al cuerpo, Jesús, oraba, "diciendo: Padre, si quieres, pasa de mí esta copa; pero no se haga mi voluntad, sino la tuya. (S. Lucas 22:42). Entonces el que nos vistamos con su armadura, no cabe duda que debió haber sido las que utilizó Cristo, para vencer en la cruz. La armadura y la herramientas de Dios, las cuales son espirituales son las que vemos en la actitud de Cristo, todo el tiempo. Desde el momento en que comenzó su ministerio y confirmó y firmó con la muerte en la cruz. Así como Cristo, fue en todo su proceso de vida debemos de hacer nosotros. Mostrar mansedumbre como cordero y utilizar el poder que nos ha legado para adelantar su reino.

Las herramientas de guerras o armas que Cristo, utilizó son las mismas que Pablo, en su escrito en Efesios 6, nos recomienda que utilicemos para poder estar firmes primero y segundo para poder vencer.

Ahora bien, nosotros como cristianos (soldados) debemos utilizar tales herramientas sugeridas por expertos soldados de la guerra espiritual. Porque como soldados estaremos expuestos a ataques continuos por el enemigo dentro y fuera de la iglesia. Y es necesario que estemos bien cubiertos con todos los equipos que nos exige esta guerra espiritual, la cual por la fe se ha de definir.

El estar quieto y esperar en la salvación de Jehová, no es fácil. Pero la fe provocara que nos equipemos y esperemos en dicha salvación. (aunque ninguna alma forjada contra nosotros por parte del enemigo prosperará). Por eso no podemos pasar por alto la recomendación de la armadura de Dios. Entonces cuando hablamos de fe, hablamos de justificación de nuestras vidas. Esta armadura es una expresión de esta justificación, la cual es por medio de la fe que obra. Siendo así, obra para justicia y gloria de Dios, fortaleciendo nuestras vidas. Y ayudando en la promulgación de reino de Dios, debemos ser ya soldados experimentados por el continuo uso de nuestras sentidos espirituales. Los que se han desarrollado por nuestras continuas guerras espirituales. Las que estamos llamados a luchar y vencer porque Cristo, ya venció por nosotros.

Me gustaría que analizáramos de los 10 versículos que hablan sobre la armadura de Dios, solo 4, veamos; (Efesios 6:13) "Por tanto, tomad toda la armadura de Dios, para que podáis resistir en el día malo, y habiendo acabado todo, estar firmes". Que es el día malo si no las pruebas, las tribulaciones que los creyentes tenemos que pasar, para poder cruzar al otro lado. Que es el día malo sino la variedad de sucesos que nos es necesario pasar como consecuencia de haber abrazado la fe de Cristo. Que es el día malo sino el que nos es necesario que después de muchas pruebas y tribulaciones alcancemos el reino de los cielos. Porque la realidad es, que todos los reinos tienen que ser defendidos. Y en este no hay diferencia, nosotros como soldados tenemos que hacer lo que nos corresponde. Estar firmes hasta el fin, hasta la muerte o hasta la venida de nuestro señor **Jesucristo.** Por eso es sumamente importante que atesoremos lo que dice en (2da de Corintios 10:3-7) "que nuestras armas de milicia son poderosas en Dios, para le destrucción de fortalezas"....

"Sobre todo, tomad el escudo de la fe, con que podáis apagar todos los dardos de fuego del maligno" (Efesios 6:16). El que se acerca a Dios tiene que creer que Él, existe y que es galardonador de los que le buscan. Tu requisito para ser soldado es creer y tener fe, porque sin fe es imposible agradar a Dios. Entonces tu como soldado estarás luchando en una guerra que no es tuya, pero que has echo tuya por la fe, en Cristo. Por la fe, tu mente no es tu mente si no la de Dios. Comienzas a ver las cosas desde la perspectiva de Dios, es decir lo espiritual. Porque es puesta a través del **Espíritu Santo.**

El escudo de la fe hará que tu te mantengas firme en lo que has creído y se ha puesto en tu corazón cuando viniste a Dios. Entonces ese cambio de mente (metanoia) te hace diferente por la fe en **Cristo.** Y en la medida que continuemos avanzando en este caminar nos iremos reafirmando por los hechos en quien hemos creído y los tiempos así lo atestiguan.

¿Pero que son los dardos de fuego del maligno? si no flechas encendidas que queman y destruyen todo donde caen. La mentira, las medias verdades, el engaño, los malos comentarios, los chismes y todo aquello en donde no hay virtud alguna. Porque como el infierno así es su fuego y es imperativo poderlas detener con el escudo de la fe. Porque cuando viene la duda, el conflicto, cuando son lanzadas las saetas en fuego cruzado y estás en medio de el, Dios, nos dice que estemos quietos y esperemos en su salvación (**2da Crónicas 20:15,17**). Lo cual no es muy fácil pero esa es la recomendación de Dios.

(**Santiago3:4,5,6**) "Mirad también las naves; aunque tan grandes, y llevadas de impetuosos vientos, son gobernadas con un muy pequeño timón por donde el que las gobierna quiere. Así también la lengua es un miembro pequeño, pero se jacta de grandes cosas. He aquí, ¡cuán grande bosque enciende un pequeño fuego! Y la lengua es un fuego, un mundo de maldad. La lengua está puesta entre nuestros miembros, y contamina todo el cuerpo, e inflama la rueda de la creación, y ella misma es inflamada por el infierno».

Mientras eso ocurre debemos de protegernos con dicho escudo de la fe, el cual nos dará la firmeza para resistir ese día malo. Como todo ancla que impide que la barca se valla a la deriva. Aunque las olas aumenten y los vientos soplen debemos mantenernos firmes por el ancla de nuestra fe. Hermanos no podemos movernos por el oleaje de la vida. Sino por nuestra fe, debemos ser invariables. Como todo buen soldado hay que resistir, aún en los tiempos de escasez y soledad.

Porque aunque estemos rodeados de gente, muchas veces nos vamos a sentir solos a pesar de que Dios y tu son mayoría.
..."Y **tomad el yelmo de la salvación, y la espada del Espíritu, que es la palabra de Dios**"; (**Efesios 6:17**) El yelmo, es el casco protector en la cabeza, el cual lo utilizan tantos deportistas de varias formas y maneras. Pero eso sí, muy resistentes a impactos en el caso de los soldados es imprescindible tenerlos puestos en cada batalla. En el caso de los soldados cristianos no podemos desprendernos de el nunca, ya que es parte de nuestra vestidura espiritual. Se esta protegiendo el área mas sensible he importante del soldado cristiano (**la mente**). Ahí es donde se pelean las grandes batallas en todos los tiempos desde Adan y Eva hasta el día

de hoy. Fue ahí donde **Cristo,** tuvo su lucha contra Satanás, cuando fue tentado en el desierto después de su ayuno de 40 días. Tuvo hambre y estaba en debilidad, fue ahí, en su mente donde tuvo la gran lucha antes de ser crucificado. El oró al padre tres veces para que este le hiciera pasar de sobre Él, la copa del sacrificio en la cruz, gran lucha mental sabiendo lo que le esperaba humanamente hablando. Más como todo soldado valiente y obediente cumplió su misión de muerte en la cruz. Esa misma misión tenemos que cumplirla nosotros porque para nosotros los soldados de **Cristo,** el morir es vivir y el morir es ganancia.

Así que haciendo lo que **Cristo,** nos mando que tomáramos nuestra cruz y le siguiéramos enfrentaremos nuestra realidad, como enfrento la de Él. Porque nuestras realidades deberán estar sujetas por la fe, a la de **Cristo.**

Tu y yo estaremos viviendo una sobria realidad agarrados de las herramientas que Él, nos recomienda que utilicemos. Porque fueron las mismas herramientas que **Cristo,** utilizó para vencer. Entonces nosotros también si las utilizamos de seguro que seremos más que vencedores por medio de aquel que venció en la cruz todo.

Él nos hizo reyes y sacerdotes de su reino, el cual es uno espiritual. En el cual nosotros, la **iglesia, debemos de gobernar** y ministrar al mundo y a los de la casa para que sean confirmados día a día.

La fe es la base de la victoria, en esta guerra, por eso el Apóstol Pablo, dice **"Puestos los ojos en Jesús, el autor y consumador de la fe".** Pero porque Pablo dice esas palabras de **Cristo,** primero porque es una gran realidad.

Segundo porque esa realidad se evidencio cuando fue muerto en la cruz y argumento las siguientes palabras **consumado es.** Esto que es, si no que se había realizado la entrada, la abertura del hombre a la presencia de Dios, por el sacrificio de **amor** de Cristo. Sacrificio que logro que el velo que hacia diferencia en el lugar santísimo se rasgara en dos. Para así poder tener entrada a la presencia de el padre por el sacrificio del hijo y en el nombre del hijo.

Tercero que aquel que fue muerto fue también resucitado. Y esa es nuestra esperanza la cual no nos avergüenza. Que a través de fe, la cual se confirmo, se afirmo y se firmo con su muerte en la cruz, y con sangre. Creando así un nuevo pacto por amor, el cual nos resucitará junto a el. Porque esa es nuestra esperanza que nos ha legado la cual es por la fe en Cristo, esperanza de vida eterna en su amor. Por el amor es que esa nuestra esperanza de vida se ha echo eterna por qué en la cruz, ha logrado vencer el temor.

...Y la espada del Espíritu que es la palabra de Dios

¿Para que son utilizadas las espadas?, ¿De que forma y manera yo la puedo manejar y utilizar para sacar provecho? Bueno primero para defendernos cortando, para mantener a distancia al oponente o enemigo. La espada nos ayudará a tener control porque es un arma de guerra. Nos ayuda trazar líneas definiendo así lo que es y no es de Dios. La espada es sinónimo de autoridad al que la posee, desechando así el temor, provocando confianza al que la maneja. Y el saberla manejar nos ayudará a edificar y construir muros para nuestra defensa. Porque la palabra de Dios, edifica, bendice y nos da vida. Se ha de utilizar con fe que se expresa de tus labios, de tu boca, de corazón. Esto se llama confesar decir la palabra y en ella hay poder de vida a través de la fe, **porque la fe produce vida.**

Es muy interesante que en Nehemias, habla que cuando estaban reconstruyendo las murallas caídas de Jerusalem, y sus puertas quemadas, dice que en una de sus manos tenían la espada y con la otra mano trabajaban. Porque para poder reconstruir lo caído y quemado cuando hay enemigos en guerras, aparentemente guerras no declaradas por lo espiritual de ellas. Hermanos hay que mantenerse vigilando, porque los enemigos atacan a cualquier hora. Eso da buen resultado, pero bebemos mantenernos sobrios y vigilantes. Debemos hermanos ser vigilantes mientras vamos construyendo. Mientras vamos levantando las puertas caídas y quemadas por los dardos de fuego de enemigo, y las murallas que han sido tumbadas.

El construir y trabajar con una sola mano, porque en la otra está la espada que es la palabra de Dios, nos asegura dependencia de Él y victoria en Él. El tener en una mano la espada habla de estar vigilante presto, para contestar como CRISTO.

Las murallas caídas, tumbadas así como las puertas quemadas y caídas por el fuego habla de falta de protección. Igualmente para poderla restaurar debemos primero unirnos. Segundo, hacer conciencia de nuestra condición, legado y dependencia de Dios. Tercero, organizarnos y tomar cada uno nuestra responsabilidad en el trabajo pero con la espada en la mano. El trabajo deberá ser de restauración y edificación para adelantar en el Reino de los cielos. Porque como Juan el Bautista, predicaba y CRISTO ratificó, confirmó y predico *"El Reino de los cielos se ha acercado."* Y esta entre nosotros y estamos trabajando, pero la pregunta es ¿porque en algunos esta siendo efectivo y en otros no está siendo efectivo los resultados de ese trabajo en el reino de los cielos?

Si nos detenemos y analizamos los versos del 10-18 de Efesios 6 nos daremos cuenta que no es nuestra lucha que es la lucha y la guerra de Dios, pero a Él, le a placido el darnos participación por la fe. Donde nosotros voluntariamente la hemos recibido, abrazado ya que los que nos acercamos a Él, estamos seguros de que Él es Dios.

La realidad es que no es nuestra guerra, sino la guerra de Dios y Él pelea por nosotros que somos sus hijos por la fe en Cristo. Hemos pasado de ser hombres naturales, a hombres espirituales lo cual nos constituye miembros y soldados del ejercito de Dios. Porque Él nos ha dado su mente y al hacernos sus hijos espirituales nos constituye sus soldados en la guerra espiritual que el mundo no sabe que se está librando día tras día. Como el rey David nos indignamos en las mentiras y prepotencias del enemigo que día tras día, sale vociferando he intimidando, queriendo añadir miedo a las huestes de los hijos de Dios (no era esto lo que hacia Goliat con el pueblo de Dios). Tu y yo somos parte de esos soldados y como consecuencia tenemos que actuar en el poder de su fuerza, en el poder de su palabra, exactamente lo que hizo el rey David, para poder obtener la victoria.

Ahora bien David no pudo salir a pelear con la armadura que le fue puesta por el rey Saúl, será porque es una natural que en poco o nada ayuda a los asuntos espirituales. David, supo discernir inmediatamente que no podría tener éxito y las desecho. Él prefirió pelear en el poder de la fuerza de Dios, que actúa en nosotros por la fe. Sabía que Dios le habría de dar la victoria ya que el poder y honor de Dios, estaba entre dicho en esas amenazas de Goliat, como representativo de los enemigos de Dios y su pueblo.

Tenemos que recordar que no tenemos lucha contra carne ni sangre sino contra huestes y potestades de las tinieblas. Las cuales se manifiestan a través de nuestros prójimos por falta del conocimiento de Dios. Por su fe fundamentada en falsos dioses o en ellos mismos, proceden de manera impropia he incorrecta contra Dios y todo lo que lo representa, en este caso su pueblo y/o su iglesia. Estas huestes y potestades están organizados por regiones y áreas. Donde se puede sentir cuando se va a ciertos lugares la opresión espiritual que ahoga a las almas que están siendo consumidas por estos demonios o huestes de maldad. Oprimiendo; personas, familias, hogares, regiones, ciudades, países, naciones, continentes y cada vez mas se esta moviendo como una serpiente. Asechando al mundo y llenando más y más de maldad y pecado lo creado por Dios, *El mundo su plenitud y los que en él habitan.* Tratan de controlar, eliminar y destruir todo lo que representa a Dios y en este caso la Iglesia. Los ataques serán fuertes cada vez más por las bases y fundamentos por los cuales vivimos (Salmo 11:3)

Grupos, organizaciones, y todo tipo de espíritu representado de cualquier razonamiento que aparente tener fuerza, tratará de sustraer la verdad por la cual nosotros vivimos para esconderla, porque la verdad es luz.

El querer vivir por los fundamentos de Dios, nos hace parte de esa guerra espiritual. Nos hemos constituido soldados de Dios, por los fundamentos en que vivimos. Y como enemigos de sus razonamientos humanos, representativos de los diferentes grupos que como el gigante Goliat, se levantan contra Dios.

David, descubrió bien temprano que sus palabras tenían tanta fuerza y eran tan eficaz lo que él decía en el nombre de Jehová. Que con sus palabras en Dios aprendió hacerse camino en lugares donde aparentaba no haber salida. Así logró descubrir ríos en los desiertos de su vida y ser saciado de abundancia de la misericordia perpetua de Jehová. Porque vivió haciendo suya cada palabra que escribió y que luego le puso música haciéndose un gran salmista, magnificando a Dios y glorificando su nombre.

En el salmo 27:1 David, comienza escribiendo; "Jehová, es mi luz y mi salvación; ¿de quién temeré? Jehová, es la fortaleza de mi vida; ¿de quién he de atemorizarme?

En el verso 27: 3 David dice: "aunque un ejército acampe contra mi, no temerá mi corazón; aunque contra mi se levante guerra, yo estaré confiado."

En el verso 27:5 David dice: "porque el me esconderá en su tabernáculo en el día del mal; me ocultara en lo reservado de su morada; sobre una roca me pondrá en alto."

Este es el corazón conforme al de Dios, el cual Él, busca. Para a través de la fe la cual viene por amor, poder utilizarnos aún más que el rey David. Nos debe quedar claro que lo único que David, puso en el fuego para con Dios, fue un corazón y en su corazón la fe. La cual Dios, tomó para hacer todas las obras que hizo por mano de David. Comenzando como carta de presentación derrotando a Goliat y los filisteos ese gran día marcado por fe. La forma y manera que David dio testimonio de Dios, no solamente a Goliat, antes de matarlo sino a todos los millares de filisteos. Los cuales son los enemigos y ratificó la confianza y la fe que en el pueblo de Israel, se había o estaban perdiendo en Dios, por culpa de su líder y rey Saul.

En el verso 27:14 David dice: "Aguarda a Jehová; Esfuérzate, y aliéntese tu corazón; Sí, espera a Jehová».

David le esta hablando a la congregación, pero también le esta hablando a su corazón. Animándolos y animándose hacer esforzados y valientes en esta espera donde el temor pueda ganar terreno. Desanimando, turbando, confundiendo nuestros sanos juicios los cuales deberán estar puestos en Jehová. David, dice en este salmo que Él, lo esconderá en su tabernáculo, que Dios lo guardara en lo reservado de su morada y sobre una roca, la cual no es otra que Cristo, nos pondrá en alto. Pero para esto hay que esperar, para esto hay que resistir, todos los azotes, todas las pruebas, todas las batallas con las que nos enfrentemos. Porque estamos escondidos con Cristo, en Dios, (Colosences 3:3) esto habla de lo reservado de su morada, de su amparo, de su cuidado para con nosotros, esto habla de fe.

EN EL AMOR NO HAY TEMOR
(1ra Juan 4:18-19)

Los seres humanos necesitamos de seguridad y confianza para poder vivir en paz. Recordemos que Dios es Amor, y el perfecto amor, el cual es el amor que representa a Dios. No puede habitar el temor porque en el amor habita deidad de Dios mismo, no puede haber temor en el amor de Dios. Porque el que ama al igual que Cristo, se despoja de todo aquello que le asedia y le pueda impedir que nos acerquemos a Él, para hacer la voluntad de Dios, a la cual fuimos llamados.

Cuando nos aferramos a las cosas pasajeras, temporeras y/o materiales con ellas esta el temor, pero debemos recordar que; "En el amor no hay temor, sino que el perfecto amor echa afuera el temor; porque el temor lleva en sí castigo" (1ra Juan 4:18). El aferrarme a las cosas temporeras y del mundo conlleva penalidades porque provocarán temor, miedo, he inseguridades. Entonces debemos como dice Pablo, quitarnos, despojarnos de todo lo que nos asedia, para poder correr con diligencia está nuestra carrera, la de la fe. Que no es otra cosa que amar como Cristo, amó.

Echemos a un lado todo aquello que nos pueda impedir correr sin temor la carrera. Recordemos que sí tememos, es porque todavía no hemos sido perfeccionados o madurados en el amor. Porque así como Él nos amó, debemos nosotros amar. Él nos amó primero, luego nosotros hemos estado aprendiendo sobre ese su amor. Entonces hagamos como dice Cristo, *"ve tu y haz lo mismo."*

Si el primer amor, no es el amar primero como Cristo nos amó primero. Entonces significara esto otros aspectos sobre el amor, porque yo lo amo pero si se habla de un primer amor es porque hay otros niveles de amor. Pienso que podrán haber etapas del amor pero el amor en Cristo, es el mismo porque en Dios, no hay sombra de variación, porque el es el primero, el mismo ayer, hoy y siempre.

De manera que debo ratificar que el primer amor es amar al prójimo primero aunque este no te ame. Como nosotros al principio no amábamos a Cristo, el nos amo primero. No dejemos el primer amor, no dejemos de dar lo que nos dio Dios, *amar primero, aunque no entendamos la inmensidad del mismo*. Porque ese dar sin esperar recibir nada a cambió, es amor. Porque en la palabra dice que tenemos una deuda con Dios que pagar y esa es que amemos al prójimo. De manera que al leer esto me convenzo más de nuestra responsabilidad como cristiano, y es la de amar. Amar, sin esperar nada a cambio, porque realmente estaremos sembrando en el reino de los cielos, porque ese es nuestro llamado. Entonces amaras a Dios sobre todas las cosas es el resumen de toda la ley, y al prójimo como a ti mismo.

Capítulo 8

LA FE Y EL AMOR

La fe provocará amor en ti, pero de una forma creciente, donde para tu llenarte del perfecto amor de Dios, la fe ha de provocar que se aumente el amor. Pero de manera excelente y ascendente, donde irá en crecimiento porque el amor es mayor que la fe. Esto quiere decir que cuando se llegue a este nivel espiritual la fe es y será utilizada como fundamento o basé estructurar de tu amor, el cual es el amor de Dios. Porque esa fe, es la que ha de provocar que tu nivel de vida espiritual se acrecente llevándote a un nivel de vida mayor. Donde somos justificados por la fe, hemos de vivir como dice en hebreos 10, la vida que agrada a Dios. Entonces el amor¿es producto de la fe? pero sí se puede decir que la fe obra por el amor (Galatas 5:6) y abona a que ese amor excelente y ascendente de Dios, se desarrolle en ti más. Para que se produzca en ti, un cada vez más excelente peso de gloría. Porque la fe que hablamos es la que se deposita en Dios, no en buda, o en cualquier otro dios, o algún santo u hombre. La fe, para poder ser efectiva en nosotros deberá estar fundamenta, construida y depositada en el arquitecto de nuestras vidas, Cristo. Él es el autor y consumador de nuestra fe. Entonces según la medida de fe, que Dios, nos ha dado esta seguirá aumentando en nuestras vidas según ejercitemos nuestra fe. Es decir que Dios nos da la fe como si fueran talentos para que los pongamos a producir. Y así adelantar en su obra, en su reino y no como el siervo malo y negligente lo enterremos, guardándolo por temor, porque el perfecto amor echa fuera el temor. Actuar conforme a la fe, esto tiene que ver con los talentos, y no podemos olvidar que son de Dios. Él nos pedirá cuenta por lo que nos dio, recordemos que Él dijo al siervo negligente, si lo hubieras metido en el banco hubieras ganado intereses, en este caso en el banco del cielo ganando intereses a favor de Dios.

Recordemos que esta fe abonará a que tu llegues al nivel que él nos quiere llevar para ir poniendo peso de su gloria en ti a través de su amor. Porque el amor es la esencia de Dios, que está en ti pero, que necesita ser desarrollado, abonado, con la palabra. Entonces, el escalón que se utilizará será la fe, para provocar en ti madures y excelente amor de Dios en ti por medio de la fe.

Se puede decir que esto se llama proceso y todo proceso toma tiempo, trabajo, ajustes y reajustes. Cuando nuestras vidas están sometidas a la voluntad de Dios, este proceso que no es otra cosa que el trato de Dios en nuestras vidas, pero de una manera singular. Ese trato ha de provocar que seamos promovidos en nuestra vida espiritual a través de mantener una estrecha relación con Dios, producto de esa fe. La fe aún producirá a través de la esperanza el amor que te ayudará a resistir la prueba en el día malo. Entonces se puede decir que la fe y el amor van de la mano. Mario, mi hermano mayor me dijo que cuando uno está en enfermedad hay que aprender amar la enfermedad, y soportarla. Al principio no entendí pero medite sobre el asunto, imaginemonos nosotros enfermos y peleando con una enfermedad cuando ya nuestro cuerpo por naturaleza lo hará. El ánimo del hombre soportará su enfermedad; Mas ¿quién soportará al ánimo angustiado? (Proverbios 18:14), pero nuestro hombre espiritual tiene que como Job, inquirir y con resignación luchar dispuestos en los parámetros de Dios los cuales son de fe, ya que la fe, es la certeza de lo que se espera la convicción de lo que no se ve.

Recordemos que sin fe, es imposible agradar a Dios. Esta misma fe, es la que provocará en nosotros a través de un proceso, un cada vez más excelente peso de gloria. Un testimonio que será clave en tu vida donde descansará la fe. El testimonio se irá formando paso a paso, día a día, situación tras situaciones en vivencias. Y todas con el señor en nuestro caminar abrazado de esa fe, donde tu, te sometes en un sacrificio completo diariamente. Para que a través de esas experiencias en tu vida y por la voluntad del sometimiento a Dios, el resultado de esa vida sacrificada tome más vida y sea agradable a Dios primeramente. Entonces también será agradable a los hombres que como nosotros estamos buscando agradar al Dios, que no vemos sino con los ojos espirituales (la fe). Él agradar a Dios es una entrega de sacrificio el cual como una carrera de relevos generacionales debemos de pasar el testimonio (batón). Lo cual es lo que se carga mientras se corre la carrera, debemos de pasarlo de mano a mano en este caso espiritual de vida a vida. Debemos pasarlo a las nuevas generaciones, comenzando con nuestra casa e hijos para que no se pierda ni se caiga. Porque nuestro testimonio en el mundo nos representa para con Dios y en esta carrera debemos llegar con el (testimonio) para ser galardonado.

Entonces si hay fe genuina deberá haber un testimonio conforme esa fe. Testimonio como los hombres de Hebreos 11, porque su fe provocó un testimonio que fue una real ofrenda de entrega en amor por la fe hacia Dios. Donde Él, se agradó de la fe de esos grandes hombres, donde apenas se conocía la definición de fe. Pero se vivía la fe, ellos por sus frutos la habían concebido y al día de hoy esa fe, continúa dando testimonio en (relevos generacionales). Los cuales han transcendido y nos han quedado como verdadero ejemplo de la vida testimonial, ¡Aleluya! ...*porque nuestro testimonio es nuestra corona de vida.*

EL RAZONAMIENTO ANTE LA FE

Ahora bien, como seres humanos en nosotros existe la razón o razonamiento, lo cual es la facultad que permite resolver problemas, extraer conclusiones y aprender de manera consciente de los hechos, estableciendo conexiones causales y lógicas entre ellos. Nuestros razonamientos no tienen mucha validez ante los decretos, estatutos, ordenanzas y mandamientos de Dios (ante su palabra).

* la razón lucha con el entendimiento
* la razón lucha contra la fe
* la razón ante la fe, se desvanece

* la razón ante la duda no es efectiva, perece, pero la fe permanece
* la vida del justo es por fe y no por vista (Habacuc 2:4... más el justo en su fe vivirá). Hechos 10:38 ...más el justo vivirá por fe.

La razón no justifica, no hay nada que podamos hacer que nos pueda justificar, delante de Dios. Un ejemplo de esto es: El siervo infiel que su amo le dio un talento y lo enterró; (Mateo 25:18,24-28). Veamos el razonamiento del siervo infiel;

*"Señor te conocía que eres hombre duro
Que ciegas donde no sembraste
Y recoges donde no esparciste;
Por lo cual tuve miedo,
Y fui y escondí tu talento en tierra;
Aquí tienes lo que es tuyo".*

La respuesta de el señor ante ese razonamiento del siervo fue la siguiente; siervo malo y negligente; porque él sabiendo y conociendo a su amo no hizo lo que sabía, podía y tenía que hacer. Entonces podemos decir que el miedo fue la causa, objeto y razón de que el siervo no produjera lo que su amo sabía que el podía hacer, conforme a su capacidad y con un talento.

Pienso que sí Dios, nos da un talento (equivalente a un año de trabajo) aunque sea uno es mucho y es para que lo pongamos a producir. De otra manera Él no lo daría, porque no hay mejor administrador que Él, por tanto Dios, es muy cuidadoso con sus propiedades. Y Él no las va a tirar a perder porque no es lo que la Biblia nos enseña con relación a los bienes. Sino que al contrario nos manda a que seamos buenos administradores de todo lo que Dios nos ha dado. Al que mucho se le da, mucho también se le demandará, por tanto para no ser llamado así, malo y negligente tenemos que tener cuidado de lo que Dios, ha puesto en nuestras manos.

Porque cuando Él, vuelva y de seguro volverá nos demandará por los talentos que nos ha dado. Pero no podemos olvidar que el miedo fue la razón, principal por la que el siervo no ejecutó bien la encomienda que el amo en este casó Dios, le encomendó. Pero la palabra me dice que; "En el amor no hay temor, sino que el perfecto amor echa fuera el temor; porque el temor lleva en sí castigo. De donde el que teme, no ha sido perfeccionado en el amor" (1 Juan 4:18). El amor a Dios, que proviene del temor de Dios, irá provocando en nosotros controles. Los cuales nos llevará a sus estructuras, las cuales vienen por los fundamentos dados por la palabra como forma de vida ordenada por Dios (Salmo11:3). Donde la fe provocará una constante esperanza, la cual irá provocando un cada vez más excelente peso de gloria en nuestras vidas de parte de Dios, por el Espíritu. El cual se denomina amor de Dios, desarrollando en nosotros cualidades espirituales que nos acercarán más a Él. Porque como Él es, así debemos scr nosotros en este mundo, por eso el amor de Dios, se debe desarrollar hasta llegar a la madures y perfección que su palabra nos manda. El siervo, al tener miedo, fue impedido de amar a su amo, porque sin amor no hay obediencia. Una de las consecuencias del miedo es que confunde el sano juicio.

Entonces no debemos desmayar en las comisiones, no debemos desmayar en las pruebas, no debemos desmayar en las tribulaciones porque ahí es donde más cerca está Dios, como en el caso de Job. Tenemos que entender que algo lindo, grande y bueno se esta desarrollando en nosotros de parte de Dios, pero el que no lo veamos o lo entendamos como en el caso de Job, no quiere decir que no está sucediendo.

La fe que agrada a Dios, operará en nosotros de manera que no entendemos muchas veces, pero viviendo la fe, nuestra esperanza se irá realizando por la fe, que nos consuela. Y en la medida que vamos caminando con Cristo, nos irá galardonando. Primeramente galardones espirituales para irnos preparando para otras bendiciones. Porque dice la Biblia;" Mas buscad primeramente el reino de Dios y su justicia, y todas estas cosas os serán añadidas" (S. Mateo 6:33).

El siervo negligente permitió que el miedo afectara su sano juicio, porque en su expresión al hablar con su amo, no se infiere que era malo, pero inseguro de sí. Y sin valor, esto afectó su sano juicio provocando que perdiera el talento de su amo y más. Lo perdió todo pues no supo amar a su amo, pues en la obediencia está el amor.

La respuesta que el señor les dio a los dos (2) que hicieron lo correcto con sus talentos multiplicándolos fue la siguiente:

"Y su señor le dijo: Bien, buen siervo y fiel; sobre poco has sido fiel, sobre mucho te pondré; entra en el gozo de tu señor" (S. Mateo 25:21).

A qué se estará refiriendo el señor cuando le dice a sus siervos que entren en su gozo. Será que cuentan con su confianza, que gozan de sus beneficios, de sus bendiciones. Que gozan de su favor por su fidelidad en su ausencia por lo que se le confió aunque fue poco para el amo. Porque fueron correcto delante de su comisión dada, agradando al señor. Y este declarando su alegría y su sentimiento de gozo introduciéndoles así, en ese espacio y tiempo junto a él, por sus correctas acciones como pago de su sometimiento. Porque en la palabra lee; *"El gozo del señor mi fortaleza es"*, También el gozo es uno de los primeros frutos del *Espíritu Santo*, que encontramos en (Galatas 5:22,23) "Mas el fruto del Espíritu es amor, gozo, paz, paciencia, benignidad, bondad, fe, mansedumbre, templanza; contra tales cosas no hay ley." Por tanto entrar en su gozo, es entrar en su reposo y poder estar junto con el Señor, descansar de nuestras obras, como el también descansa de las suyas.

EL GRANO DE MOSTAZA Y EL ÁRBOL

"Dijeron los apóstoles al Señor: Auméntanos la fe. Entonces el Señor dijo: Si tuvierais fe como un grano de mostaza, podríais decir a este sicómoro: Desarráigate, y plántate en el mar; y os obedecería» (S. Lucas 17:5-6 RVR1960).

El árbol de mostaza y sus características; es un árbol extraordinario ya que sus utilidades son diversas, puede crecer en ambientes diversos inclusive en ambientes donde recibe poca lluvia al año (sequía). Puede crecer en arena, suelos salinos o no salinos. Este árbol es nativo de Israel, Irán, India y otros países de África y Medio Oriente.

Este árbol *"salvadora pérsica"*, árbol de hortaliza y de semilla no es el árbol o planta donde se extrae la salsa de mostaza.

Todo el árbol es útil, desde sus raíces hasta su ramas tiernas, el árbol de mostaza es uno de lento crecimiento y sus semillas son pequeñas. Sus hojas tienen un alto contenido de agua y sirven de alimento a los camellos, ovejas, vacas y chivos (cabras). Incrementando así su producción de leche, también son comestibles para los humanos, recuerden que es un árbol de hortaliza. Sus hojas se utilizan para hacer ensaladas aunque son amargas. Su madera es suave y fácil de trabajar y la resina que gotea es útil para hacer barniz, por su follaje se utiliza para dar sombra, ademas de ser utilizada como rompe viento. Es utilizada para recuperar suelos salinos, cuando se siembra en dunas. *(utilidades del árbol de mostaza, por Mery Bracho)*.

Esta hortaliza nace de una semilla muy pequeña, llegando a ser un árbol muy grande que da sombra y atrae a las aves a anidar allí. "El reino de los cielos es semejante al grano de mostaza, que un hombre tomó y sembró en su campo; el cual a la verdad es la más pequeña de todas las semillas; pero cuando ha crecido, es la mayor de las hortalizas, y se hace árbol, de tal manera que vienen las aves del cielo y hacen nidos en sus ramas.» (S. Mateo 13:31-32). JESÚS, lo utilizó para explicar como era el reino de los cielos y para comparar como debe ser nuestra fe. (Mateo 13:31-32 *(Disfrutando el árbol de Mostaza, por Mery Bracho)*

La semilla de mostaza y la fe espiritualmente son sinónimos ya que ambos crecen siendo tan pequeños; creciendo y desarrollando hasta llegar a la plenitud de Cristo y dar buenos frutos como debe ser. Frutos de justicia, frutos dignos de arrepentimiento, frutos de bendición a los que se nos acerquen.

Así qué siendo el árbol de mostaza tan útil y sus cualidades y características tan determinadas, debemos de analizar estos frutos con la producción en cuanto a las utilidades de nuestra fe. Porque cuando Cristo, les habló sobre si tuvieran fe como un grano de mostaza a pregunta de sus discípulos Él les estaba explicando de manera espiritual lo que ya ellos sabían de manera natural. Porque eso era parte de su rutinaria vida, por eso Cristo, no entra en detalles sobre lo que nosotros estamos conociendo. Recordemos que ese árbol es nativo de esa región por lo cual sabían de su utilidad porque crecieron conociéndolo. Así deberá ser nuestro conocimiento del árbol de la fe espiritualmente hablando y debemos de crecer como los Apóstoles, conociendo sus utilidades, sus características, sus beneficios. ¿Porque? de los miles de árboles que existen Jesús, escogió, seleccionó a este árbol de esa región con estas cualidades para explicar algo tan intangible, tan espiritual y tan poderosa como lo es la fe. No me cabe la menor duda, que no debe haber otra mejor comparación para Dios, hacernos entender a los cristianos lo que debemos ser desde la raíz hasta las hojas o mejor dicho desde los pies hasta la cabeza de todo lo que nos rodea.

Esta hortaliza primero y árbol después producto de una tan pequeña semilla (fe) bendice a todo lo que están a su alrededor y con los que tiene contacto: tierra, suelo, aire, agua, aves, animales, madera, medio ambiente y al hombre.

Entonces nuestra fe deberá impactar todo lo que este a nuestro alcancé de una forma o de otra. Influenciando en sus vidas de manera que se marquen para vida, para bien, para bendición, para descanso, para bienestar, para paz, para alimento.

El ser un verdadero cristiano, así como el árbol de mostaza tomará tiempo. Tal vez muchos seremos hortalizas, porque el árbol es de lento crecimiento, pero desde que venimos al Señor (*hortaliza)* debemos ser de bendición. Porque nuestras hojas al igual que nuestras ramas son productivas y con variedad de funciones. Tenemos que hasta que lleguemos a la etapa adulta como el árbol, ser de bendición y luego ser de mas bendición aún.

Nuestra fe, provocará no importando las condiciones de la tierra y el medio ambiente en el que seamos sembrados a que nos adaptemos para crecer y dar frutos. Nuestras raíces (fundamentos) nos ayudarán a que podamos extraer de la tierra (corazón) lo mejor y adaptarnos a las condiciones cualesquiera que sean porque la fe, nos proporcionará lo necesario. Supongo que el secreto de este árbol está en sus raíces las cuales comparo con los fundamentos, por los cuales Dios nos demanda que vivamos (Salmos 11:3). Ya que en condiciones de climas abruptos fuertes, cambiantes para poder resistir y romper los vientos, las raíces (fundamentos) tienen que estar bien adheridas y agarradas para no ceder y caer. Así debemos de ser los cristianos que por la fe vivimos.

Siendo la madera de este árbol amargo para las termitas, animal dañino que socava hasta podrir las maderas quitándole su resistencia y fuerza. Provocando que ceda y secándolas se mueran por el veneno que la contamina. Entonces debemos de comparar nuestra fe, la cual no es para todos. Así como la madera del árbol de mostaza le es amargo a los termitas, así nuestra fe, les es o será amarga al enemigo de las almas. Al cual no le gusta y no las puede dañar por su composición y por su naturaleza pues es una espiritual. La fe se alimenta de nuestra esperanza y confianza las cuales están puestas en Dios, por amor. Entonces nuestra fe provocará que nuestra madera de cristiano continúe siendo productiva para todos excepto para los enemigos de la fe. Porque el amargo de nuestra razón de ser, no les gustará, porque nuestra verdad causará ese efecto en los enemigos de la fe porque nuestra verdad es Cristo, nuestra verdad es Dios.

Nuestras funciones así como nuestras características son tan variadas, y esto es tan interesantísimo para los justos que vivimos por la fe. Porque debemos entender que hay diferencias entre personas sobre sí es hortaliza o si es árbol. Pero la palabra a nosotros nos dice que por sus frutos los conoceremos. Así que siendo hortaliza, porque primero como cristianos somos hortalizas, y luego a través del tiempo y en un lento crecimiento seremos árboles con abundantes frutos variados, producto de las bendiciones donde Dios, nos halla nacido. Si nacido como ejemplo de lo que debemos ser los cristianos, o donde él nos quiera sembrar.

Opino que una de las características que no entendemos bien los cristianos, es el tiempo que tarda Dios, en desarrollar en nosotros las características. Porque si nos comparamos con el árbol de mostaza este tarda en llegar a ser adulto. Entonces para poder dar los frutos necesarios en Dios, en la madures y el carácter cristiano desarrollado a través de las pruebas debemos crecer. Esto también tomará tiempo lo cual podemos llamar proceso.

El dar buena sombra, habla de descansar, de paz, tranquilidad, de sosiego y del buen aire suave, que se ha de expresar entre las ramas. Ya que se utiliza por su follaje como rompe viento, para que la fuerza del golpe del viento, sea recibido por el árbol. Sus ramas, su follaje, ayudarán, pero para que eso suceda sus raíces tienen que estar bien firmes y ciertamente el golpe del viento al pasar sea diluido en brisa suave. Esta brisa, en combinación con la sombra producirá elementos agradables como airé fresco. Aún cuando la calor este atacando con fuerza, al pasar el airé el susurrar creará una linda y agradable melodía por su follaje.

¿Pero que puede hacer el viento que el árbol de nuestra fe no pueda detener? Recordemos que hay variedad de vientos y estos pueden ser de tormentas o vientos huracanados, de diferentes categorías. Vientos que den con ímpetu sobre la casa o que en alta mar amenace con hundir la barca (Mateo 8:24-27). Pero no importando donde o como sea la hortaliza o el árbol de nuestra fe nos ayudará a resistir el día malo (Mateo 7:25).

Recordemos que hay muchas personas que dependen de nuestra fe, sí, de nuestra fe. Porque son las aves que anidan en el árbol del grano mostaza que descansan, pernoctan y hasta hacen nidos en el porque tu fe los ha marcado. Aves que tienen dependencia de ese árbol que se ha desarrollado en ti, por la fe y en fe. Y que su esencia producto de tu naturaleza espiritual en Dios, provocará que esas aves que anidan en el árbol estén seguras. Entonces si el árbol de nuestra fe cayere a tierra, que se harán las aves que anidan en el árbol que tienen dependencia, no emigrarían a otro árbol, a otro lugar. Por eso las raíces, de nuestra fe dependerá de la palabra, la cual nos hará fuertes. Al extremo de resistir hasta el final porque nuestras raíces en Dios, nos proporcionará las fuerzas para resistir el día malo y salir victorioso.

Sobre las aves, pensemos y veamos las aves como las personas que dependen de ti árbol de Jehová, el cual da su fruto a su tiempo y su hoja no cae. Porque habrán personas cansadas que dependerán de ti, almas agotadas que dependen de tus ramas, de tu follaje, o más bien de tu carácter cristiano, desarrollado a través de los años. Porque al igual que el árbol, ya estas maduró y tu fruto (fe) deberá sostener a los mas débiles que son los recién nacidos, los nuevos, los que han caído heridos y se están levantando.

Aquellos que agobiados, confundidos, cansados del camino y desorientados necesitarán cobija y alojamiento espiritual, para poder una vez sean sanados y descansados continuar su curso en el cielo de la fe. Aves o hermanos que dependen de nuestra fe, para mantenerse vivos, porque lee la palabra que los mas fuertes debemos ayudar a los mas débiles en la fe.

Uno de los atributos de este árbol también es que se utiliza para recuperar suelos salinos, cuando se siembran en dunas; la cual es una acumulación de arena en los desiertos o litorales, generada por vientos por lo que las dunas poseen unas capas suaves y uniformes. Pueden ser producidas por cambios en el viento o por variaciones en la cantidad de arena. (Wikipedia)

La profundidad de nuestra fe, deberá ser en comparación con el proceder de Abraham, como hijo por la fe, para ser bendecidos. Entonces también como consecuencia de esta nosotros los hijos de la fe seremos como la arena que está a la orilla de la mar; "de cierto te bendeciré, y multiplicaré tu descendencia como las estrellas del cielo y como la arena que está a la orilla del mar; y tu descendencia poseerá las puertas de sus enemigos" (Génesis 22:17).

Pero que peculiar característica tiene este árbol que ayuda a recuperar suelos salinos, dañados y poco productivos. Y que sean recuperados cuando un árbol producto de una semilla de grano de mostaza cae y crece recuperando el área donde esta sembrada, donde cae. Recordemos la parábola del sembrador (Mateo 13:3-9). Pienso que recuperar suelos salinos es traer nuevamente aquellos que se apartaron, aquellos que por los afanes de este mundo se olvidaron de quienes son en Cristo. Aquellos que habían perdido su identidad como Zaqueo, siendo hijo de Abraham, padre de la fe, estaba haciendo lo que no era correcto.

Las dunas son formadas por el viento, ya sabemos que este árbol los detiene, los reduce, los controla y donde se reduce el viento, también la arena de las dunas. La fe provocará que no seamos movidos por todo viento de doctrina, y las dunas son cambiantes con el viento. Esta no es una característica loable para el cristiano, porque nos haría divagar dentro del camino de la fe. Porque Dios, quiere que estemos firmes como columnas fijas y sosteniendo la obra de Dios, porque el hombre de doble ánimo es inconstante en su camino.

El tolerar suelos salinos habla de resistir las situaciones duras o difíciles donde podamos mantenernos victoriosos.

El que este árbol se pueda encontrar en lugares húmedos, como en zonas áridas, en valles, como en dunas, habla de nuestra capacidad característica de adaptación. El poder adaptarse a los diferentes terrenos, circunstancias y situaciones de la vida habla de madures en Cristo. Y es necesario que en nuestro carácter, producto del constante fruto de fe, se desarrolle en Cristo, el cual nos dará un cada vez más excelente peso de gloría.

Así que cuando Cristo, habla de fe nosotros debemos de saber y entender cuales son nuestras características, así como el árbol de mostaza. El cual produce la semilla con tan preciadas funciones y características las cuales reciben toda su genética. Cada una de ellas al ser plantada y naciendo darán el fruto conforme a su semilla, mi madre Severa, me decía; «hijo, al que buen árbol se arrima buena sombra le cobija». Entonces nosotros los que venimos a Cristo, por fe debemos de recordar que la fe es por *amor.*

EL ÁRBOL DE SICOMORO

Es de origen Egipcio, la palabra del latín "Sicumúrus" que se deriva del griego

(Sicu = higo) (moros = moral). Sus hojas parecen a las del moral a la higuera. Su madera ligera e incorruptible se utilizaba para hacer cajas de las momias o ataúdes.

El tronco de este árbol se divide muy cerca del suelo y esta división no sube en altura. Históricamente a este árbol se le llama "falsa higuera" o higuera egipcia, los Egipcios, eran los únicos que producían este árbol por su fácil producción mediante esquejes o gajos es decir fragmentos de la planta separados para ser sembrada y así seguir desarrollando.

Los Egipcios, lo relacionaban con la muerte y la resurrección ya que su madera era incorruptible y se hacían amuletos con la forma de sus hojas. Su fruto es el higo, pero no es de buena calidad pues este es desabrió al gusto, y se le llama sicomoro su fruto. Es un árbol alto y parecido al de la higuera, produce frutos tres (3) veces al año. Tiene propiedades curativas para la piel y partes internas del cuerpo y a través de un proceso, se logra hacer pastillas que son efectivas para los problemas de digestión difícil.

A su fruto se le llama también "cabrá higos" por su sabor el cual no es muy bueno en comparación con el higo dulce y bueno. Se les da a los cerdos, vacas y cabras ya que les ayuda en su producción de leche cuando se combina con sus hojas (1Reyes 10:27) (Jeremías 24:2-3).

Este árbol está muy presente con y en la cultura egipcia, especialmente relacionado con la cultura de la muerte que se utilizaba para elaborar sarcófagos o cajas de muertos, además de elementos decorativos funerarios como esculturas o colgantes.

¿Qué simboliza el árbol de sicómoro? Este árbol simboliza la protección, la divinidad, la eternidad y la fuerza.

El sicómoro *Lafayette*, que se eleva en *Brandgwine Battlefield Park, en Pensilvania, ya tenía 168 años en el 1777 en esa batalla. Y este sicomoro estadounidense es símbolo de la protección, esperanza y de fuerza.*

El árbol de sicómoro es uno que contiene tantos beneficios medicinales para los humanos y animales. Los beneficios son tantos, además de su estatura y hermosura. Aunque su fruto no sea el mejor para el ser humano por ser este desabrió pero a los animales les hace muy bien en su ingestión en la producción de leche. No podemos olvidar que el señor, todo lo hizo bueno en gran manera para nuestra bendición.

Ahora bien el sicómoro representa la higuera no verdadera, los frutos malos del pueblo de Israel, espiritualmente hablando ya que este árbol es representativo de lo mortal y de la cultura egipcia. Entonces esto marca un contraste de lo que representa la verdadera higuera, (El pueblo de Israel).

Los frutos de el árbol de el sicómoro no eran ni buenos ni dulces, sino que su fruto era malo y tan malo que no se podían comer. (Jeremías 24:1-10)

La señal de los higos buenos y malos. "Una cesta tenía higos muy buenos, como brevas; y la otra cesta tenía higos muy malos, que de malos no se podían comer. Y me dijo Jehová: ¿Qué ves tú, Jeremías? Y dije: Higos; higos buenos, muy buenos; y malos, muy malos, que de malos no se pueden comer" (Jeremías 24: 2-3).

El fruto de este árbol de sicómoro, es desabrió en contraste con la verdadera higuera que representa el pueblo de Israel, los Judíos, la cual debió haber sido una nación santa. El pueblo escogido por Dios para que anunciaran sus virtudes ya que el los quiso sacar de las tinieblas con el propósito de salvarlos y que fuesen luz. Para que ayudasen a dar a conocer su palabra, para que los hombres viniesen al conocimiento del evangelio, salvarlos y sanarlos. Así que nuestros frutos deberán ser dulces y sabrosos. Para que las personas al probarlos sean cautivados por su dulzura y reciban espiritualmente lo que Dios siempre ha querido darnos, vida y vida en abundancia. Ahora bien veamos el porque del llamado de Zaqueo, por Cristo y el porque de sus palabras.

JESÚS Y ZAQUEO (Lucas 19:1-10)

"Cuando Jesús, le vio y le dijo a ZAQUEO, date prisa, desciende, porque hoy es necesario que pose yo en tu casa" (S. Lucas 19:5 RVR). Jesús le está haciendo un llamado. Jesús le dijo: *Hoy ha venido la salvación a esta casa; por cuanto el también es hijo de Abraham" (S. Lucas 19:9 RVR).*

"Le dijo: Porque el hijo del hombre vino a buscar y a salvar lo que se había perdido" (Lucas 19:10). Esta expresión Cristo, también la hace al hablar sobre la parábola de la oveja perdida.

Ciertamente el fruto de la higuera es uno bueno y dulce, y en la vida de ZAQUEO, cuando este recibió el llamado de *Jesús,* de bajar de ese árbol (el sicómoro) espiritualmente *CRISTO,* le estaba hablando a su corazón y a su vida. ZAQUEO, *tenía necesidad como tu y yo de conocer aquel de quien tanto había escuchado hablar. JESUS,* lo sabía, sabía de su necesidad, que andaba perdido. Ahora bien el árbol de Sicómoro, que ZAQUEO, *subió era considerado "sucio",* e indigno para el pueblo de Israel. El fruto de higo, que daba es uno malo con el que se alimentaba a los cerdos, cabras, vacas y para la cultura hebrea, no era bueno. Y para ZAQUEO, *era humillante subir en aquel árbol, pero su necesidad y deseo de ver a Jesús, fue más fuerte. Lo que no sabía él, era que Cristo, lo había venido a buscar y no tan sólo le vino a buscar, sino que Dios le dio la oportunidad de conocerle y que cenara Cristo, con él. (Apocalipsis 3:20).*

El deseo en combinación con la necesidad de conocer a Cristo, fue más fuerte y echó al piso y crucificó su orgullo al subir al árbol del sicómoro. Un hombre rico, pequeño en estatura, pero con una gran necesidad entre los hijos de Abraham, porque estaba perdido. ZAQUEO, ese no es el árbol de la higuera al que tu perteneces, la higuera a la que tu perteneces es la que da buen fruto y lo mejor de ella es su dulzura y su buenos frutos.

ZAQUEO, creyó y fue trasformado al instante comenzando a dar frutos de higos muy buenos, dignos de arrepentimientos del Israel espiritual. Comenzando a dar la mitad de de sus bienes a los pobres y si en algo había defraudado a alguno se lo devolvía cuadruplicado (será este fruto dulce y bueno). ZAQUEO, se desnudó de las riquezas con las que se cubrió por años, se despojó del peso que le asediaba para así poder como dice Pablo, correr bien la carrera que tenía delante de él.

Es por eso que un arrepentimiento verdadero, tiene que dar frutos dignos de arrepentimientos, dignos para Dios. Así que Cristo, vino a buscar lo que se había perdido, pero vino, escucha bien, a buscar Frutos. Por eso maldijo la higuera, porque cuando fue a buscar frutos teniendo hambre no halló frutos sino solo hojas. Los frutos son el resultado de nuestras acciones, por eso la fe sin obras es fe muerta. Pero deberán haber obras como resultado de esa fe, lo cual serán los frutos.

En el caso de ZAQUEO, JESÚS, les dijo, hoy ha llegado la salvación a esta casa; por cuanto el es hijo de Abraham (hijo de la fe). Ahora bien que aspectos vemos en las palabras de Cristo a Zaqueo;

1- un llamado
2- una salvación
3- una casa
4- un hijo y si somos hijos es porque tenemos un Padre.
5- una restauración
6- una promesa de Dios
7- una búsqueda
8- unos frutos
9- un hoy, es en tiempo presente, un ahora.
10- que "pose yo en tu casa", habla de morar, de estar, de vivir en nosotros.
11- un encuentro o reencuentro con El Salvador.

12- una fe activa o activada.

Y es que; por cuanto el también es hijo de Abraham, el hijo del hombre vino a buscar lo que se había perdido. Esto es una manifestación del amor de Dios, de lo importante que somos para Dios. El permitió que el hijo del hombre viniera a confirmar y a ejecutar la promesa. Cientos de años antes, Dios, le había echo esta promesa al padre de la fe, Abraham. Entonces estas palabras de Cristo, no son un llamado solo a Zaqueo, sino un llamado a todos los Zaqueos, del mundo. Que al igual que este personaje bíblico estaba fuera de la voluntad de Dios, confundido y perdido aunque económicamente estable, rico, pero fuera de la voluntad de Dios. Como hijos de la promesa de la cual tu y yo somos parte, pertenecemos por la fe. Cristo vino a ejecutar las promesas del Padre, porque su amor transciende los tiempos y edades por eso somos herederos por la fe, la cual es por el amor. Porque su reino esta basado en el amor y es sempiterno, nunca dejara de ser, porque es y será parte de la esencia de Dios. Y se encuentra en nosotros como consecuencia de la fe, y permanece, la cual operará en ti y en mi de una manera libre. Si libre y dispuesta sin ataduras y dando frutos dignos de arrepentimiento como los de el modelo ZAQUEO, cuya transformación fue rápida, verdadera y genuina. "*ZAQUEO*", *date prisa, desciende, porque hoy es necesario que posé yo en tu casa.*

Ese desciende habla de morir, de bajar de lugar, o categoría de una alta a una baja, de menguar como Juan él Bautista, para que Cristo, crezca mientras nos humillamos. Entonces, ese hoy es el resultado de ese humillarte, el cual provocará que Cristo, EL YO SOY, entre y pose. Entre y viva en tu casa, el cual fue el resultado de ZAQUEO, y se comenzó rápido a ver frutos de esa conversión en la vida de este hombre. Ese date prisa habla de que no dilates o retrases el encuentro con tu Dios, que seamos diligente en lo que concierne al reino.

Cuando ZAQUEO, se puso en pie al igual que Pedro, en el primer discurso que dio en el día de pentecostés (Hechos 2:14) era porque lógicamente estaban sentados. Porque tenia que mediar una restauración, pero ambos de maneras y tiempos diferentes fueron restaurados en el caso de Pedro, había negado a Cristo, tres (3) veces, en el caso de ZAQUEO, estaba viviendo una vida desordenada y vacía. En el caso de Pedro, se levantó a predicar, en el caso de ZAQUEO, para dar testimonio del cambio que estaba operando en su vida inmediatamente. Todo esto como resultado de ese descender y humillarse según el llamado de Cristo, bajo la poderosa mano de Dios.

Ambos casos fueron producto de un llamado, de un humillarse, producto del amor de Cristo, con el que Dios, suele llamarnos. Este llamado en amor produjo obediencia en ambos pero en diferentes niveles. Y es un producto de promesa cumplida por parte de Dios por JESUCRISTO, este amor no tiene límites, transcendiendo los límites de nuestros pensamientos y entendimiento. Abrazando nuestras vidas en su perdón, si recibimos su llamado y descendemos de nuestros lugares. Su amor es la llave que abre nuestros corazones penetrando en nuestro espíritu, provocando en nosotros obediencia y cambios radicales y verdaderos. Sí cambios verdaderos los cuales se han de manifestar en nuestras vidas haciéndose parte de nuestro testimonio de vida. Tanto ZAQUEO, PEDRO, PABLO... y otros tantos son productos del amor de Dios, pero en condiciones diferentes, provocando grandes cambios por amor. Así que descendamos, muramos, bajemos de nuestra categoría, humillando nuestras vidas para igualarnos a CRISTO, el cual se humillo hasta lo sumo y veremos la gloria de Dios.

LA HIGUERA
(Jeremías 24:1-10)

El árbol de la higuera siempre ha sido la nación de Israel, siendo una figura simbólica y profética del pueblo de Israel, es una sombra la cual le hace figura a esta nación. Su dulzura y su buen fruto, son las características principales de este árbol de higo (Jeremías 24:5-7). Pero hay otros árboles de higos en el pueblo de Israel, que sus frutos son malos, que no se pueden comer de tan malos que son. (Jeremías 24:8-10).

Ciertamente estos frutos son el pueblo de Israel y representan sus malas obras y el pecado. Vemos entonces como el profeta, hace un resumen de lo que habría de suceder con Israel. Cuando el rey Nabuconodosor llegó saboteando a la tierra de Israel, y a sus pobladores, llevándose lo mejor de la tierra en personas y bienes. Haciendo Dios, una comparación de dos (2) cestas de higos buenos los que fueron transportados a Babilonia. Y los higos malos los que fueron dejados en Israel, para escarnio y humillación entre las naciones. (Jeremías 24:1-3).

Esta comparación que Dios, le revela a Jeremías, y que se expresa en forma profética al pueblo de Israel, antes que sucediera para gloría, honra y justicia de Dios, sucedió igual como fue profetizada. (leer libro Daniel)

Ciertamente el fruto del árbol del higo es un bien preciado en el pueblo de Israel, pero no podemos olvidar que hay otras variedades de árboles de higos que a la hora de dar frutos estos son malos que no se pueden comer. Entonces, si analizamos espiritualmente este concepto tenemos que tener mucho cuidado. Porque de el árbol se pueden utilizar todos sus componentes, la madera, su hoja, sus raíces y demás variedades de recursos de los árboles. Además de su sombra, ya que es un árbol que crece alto. Pero el fruto que es el resultado genético de la esencia del árbol, deberá ser siempre el mejor. Este deberá de ser bueno y alimentar, además de ser dulce. Deberá traer gusto y satisfacción al que lo coma, como la palabra al que la lee, la busca, la prueba la cual es como vaso de agua al sediento, el cual da vida. Los derivados de esta fruta serán siempre buenos porque la materia prima es buena.

En Isaías, (38:9) vemos «Escritura de Exequias rey de Judá, de cuando enfermó y sanó de su enfermedad»: Pero en Isaías, (38:21) dice; «Y había dicho Isaías: Tomen masa de higos, y póngala en la llaga y sanará». Entonces debemos entender eso de Israel, que debió haber sido masa de higo para las naciones, sanidad para los enfermos como la alternativa del reino de Dios, para el mundo. Esto debió haber sido el resultado de los frutos que debió haber dado el pueblo de Dios. Porque Cristo, vino a buscar frutos agradables para Dios, frutos del espíritu, del alma, del corazón, frutos de justicia, que produjeran en las demás naciones arrepentimiento. Como dice Pablo, frutos dignos de arrepentimiento, asunto en el cual Israel, falló primeramente para ellos en su vida individual, y colectiva como pueblo.

Ese fue el gran pecado de Israel, despreciar al que a los suyos vino, no amarlo porque sin amor no puede haber obediencia. Como resultado de ese, no amar de Israel, como nación no hubo frutos y Cristo maldijo eso. Pero ya Juan él Bautista, había puesto el hacha en el árbol de la higuera, antes de que Cristo, la maldijera secándose luego,... será hermanos lo que hemos visto todos estos años suceder en el pueblo de Israel, hay relación o es pura coincidencia, realmente sabemos hermanos que no lo es. Sino que es una acción profética resultado de una palabra ya dada por Dios. La cual se ha cumplido y seguirá sucediendo igual ha sido expresada y de nosotros dependerá el que la analicemos, la desmenucemos para poderla entender. Para así poder ser más efectivos y claros en cuanto a la fe y la esperanza que Dios nos ha dado y nos abraza. Aunque en nuestras vidas hay muchos ¿ porque? pero nuestra fe, también esta basada en las profecías. Estas nos advierten como pueblo suyo, lo que ha de suceder y/o lo que el quiere que como pueblo, hagamos.

Los higos hermanos son ricos en azúcares: la fructosa, sacarosa y glucosa, contienen estos ademas pequeñas partes de grasa y proteínas así como sales y minerales, además de vitaminas A, B1, B2, C, y ácidos orgánicos. Su acción laxante se recomienda a todos los que tienen problemas de estreñimiento. También a las mujeres embarazadas como a las que padecen agotamiento físico y/o mental (acción tonificante).

El líquido que se obtiene de los higos secos tiene propiedades emolientes (calmantes) sobre las mucosas inflamadas ya sea del aparato digestivo y/o respiratorio. Este líquido da buen resultado en caso de faringitis, gastritis, bronquitis y tos irritativa.

Cuando se aplican en forma de cataplasma o masa los higos favorecen la maduración de absceso e inflamaciones ademas de que son cicatrizantes, son mucho mas los beneficios que tiene el árbol de higo ya que sus hojas tienen propiedades curativas también cuando se hierven y se toman en forma de bebidas.

Pero lo mas importante de todos estos efectos
farmacéuticos, de este árbol es su fruto el cual es tan preciado
y tan nutritivo. Y a su vez tan favorable para la salud de
nuestros cuerpos lo cual es la relación que debería haber de
manera real, en cuanto al resultado y propósito del pueblo de
Israel, para con las naciones con Dios.

Entonces la comparación de los higos buenos se esta
refiriendo a esta acción de obras por naturaleza divina
dada por Dios, para un pueblo el cual Dios mismo escogió
para sí. Pero este *"rechazo"* de este *"advenimiento"* de este
ofrecimiento de Cristo, y de su regalo de gracia el cual no
lo recibieron ni dieron frutos; porque a los suyos vino y
los suyos no le recibieron. Entiendo, que cuando Cristo,
fue a buscar frutos en la higuera cuando andaba con sus
discípulos y no halló frutos en la higuera, sino solo hojas, la
maldijo. Y al día siguiente cuando pasaron los discípulos
notaron que la higuera se había secado desde las raíces (S.
Marcos11:12-14,20). Entonces vemos lo siguiente;

1ro. Jesús maldice la higuera porque esta no tenía higos,
no daba frutos, solo tenía hojas.

2do. Acto seguido, vemos entonces a Jesús, entrando a
Jerusalén en el templo y comenzó a echar a fuera los que
vendían, compraban y cambiaban en el templo pues ahí tenían
sus negocios y luego les enseñaba diciendo; "¿No esta escrito?
Mi casa será llamada casa de oración, para todas las naciones.
Más vosotros la habéis echo cueva de ladrones "(Marcos
11:17). Jesús, había comenzado a purificar el templo por eso
dijo tales expresiones.

3ro. La higuera maldecida se seca, "Entonces Pedro,
acordándose, le dijo: Maestro, mira, la higuera que maldijiste
se ha secado. Respondiendo Jesús les dijo: *tened fe en Dios"* (S.
Marcos 11:21-22).

Jesús, continúa hablando sobre la fe la cual mueve montes,
de no dudar de creer, de que todo lo que pidamos al padre
orando y no dudando lo recibirían. En los versos 25 y 26 de
Mateo 11, habla de la oración y de la necesidad de perdonar
si tenemos algo contra alguno. Porque sí nosotros no
perdonamos tampoco nuestro padre nos perdonará nuestras
ofensas. Esos frutos de fe fueron los que Cristo, vino a buscar

en el pueblo de Israel, (la higuera) pero no los halló por eso a pregunta de Pedro, él le contesto sobre la fe.

Pienso y debo entender que esto se refiere a un cambio, a un renacer de una nueva higuera donde la que había, no dio el fruto que Cristo, vino a buscar, el fruto que Cristo, quería. Entonces como resultado o producto de eso Cristo, marcó la diferencia de un cambio generacional espiritual, para todas las naciones. Donde el cuerpo, tu cuerpo sería el templo del Espíritu Santo, purificado por el sacrificio de Cristo, y el advenimiento de la promesa del Espíritu Santo. El cual estaría con nosotros y en nosotros haciendo una obra de purificación (santidad) de adentro hacia afuera a través de la fe.

4to. La maldición de la higuera tenía que suceder, para que nunca jamás se comiera de ese fruto producto de la falta de fe. Si no hay fe no puede haber frutos dignos de arrepentimiento, pues no se debe ni se puede comer de tal fruto. Por eso tenía que ser secada para que no se comiera del fruto de la duda, (la cual fue lo que puso Satanás en el corazón de Adan y Eva en el huerto), falta de creer en Dios y falta de obediencia. Porque es por medio de la fe y la oración y el creer, no dudando a Dios por el cual se concederá toda petición que hiciéramos a él. Pero la condición según Cristo, es la purificación a través del perdón (Marcos 11:25-26). Porque sí nosotros no perdonamos tampoco nuestro padre que está en los cielos nos perdonará nuestras ofensas.

Cristo, estaba haciendo y expresando un marcado y verdadero cambio espiritual y generacional. Donde todas las naciones se beneficiarían viniendo a fe y a la oración en él. Porque ya estaba por abrirse a los gentiles la manifestación hermosa del perdón de un Dios, eterno y soberano el cual es en Cristo. Único que podía marcar esa reforma la cual siempre estuvo pero, no se nos había dado a entender o revelado porque no era el tiempo de Dios. Espiritualmente debemos entender que se abrió a través del sacrificio en la cruz, el cual fue por amor. Si se abrió un espacio, un lugar, una puerta para todo el que cree, para que por la fe fuéramos marcados para ser adoptados y hechos hijos de Dios. El cual nos hace como higos de la higuera de Israel, pero de la que da higos buenos y dulces.

5to. La autoridad de Jesús, a pregunta de los principales sacerdotes, los escribas y ancianos que cuestionaron ¿con que autoridad hacia esas cosas? Bueno tenemos que entender que la autoridad de Jesús, provenía del Padre. Espiritualmente Jesús, no estaba sujeto a la autoridad de los hombres porque la autoridad espiritual es un asunto que concierne a Dios. Y él la da a quien el quiere por su voluntad y para el cumplimiento de la palabra. Por tanto no tenía porque contestar la pregunta que ellos le hicieron.

Ahora bien, las reformas que estaban entrando a través de las enseñanzas producirían cambios en la forma de pensar y ver la religión los judíos. Jesús estaba abriéndole los ojos en la revelación de la verdad. En este caso la función en el templo y del templo y los frutos, por eso Cristo, mismo dice; "¿Nunca leísteis en las Escrituras: La piedra que desecharon los edificadores, ha venido a ser cabeza del ángulo. El Señor ha hecho esto, y es cosa maravillosa a nuestros ojos. Por tanto os digo, que el reino de Dios será quitado de vosotros, y será dado a gente que produzca los frutos de Él". (S. Mateo 21:42-43). Pregunta que hago,¿no fue lo que ha sucedido con el pueblo Judío después de la muerte y resurrección de Jesucristo? ¿No nos la ha dado a nosotros su iglesia para que produzcamos los frutos de Él y en Él. Recordemos que de este pueblo espiritual se va a levantar a una iglesia que serán los que hallan producido los frutos de Él. Porque eso fue lo que Cristo, vino a buscar por que son frutos que saciaran el hambre de justicia para el mundo, su creación porque es de Él.

Me es muy interesante la historia de *el buen samaritano, la mujer samaritana,* y *los diez leprosos.* Son tres (3) historias o relatos diferentes pero, con un mismo propósito y su fin, el cual como siempre será el que aprendamos, añadiendo más conocimiento de Dios. Este se sumará a la inteligencia, y nos ayudará a ser más sabios y efectivos para nuestras vidas de manera que nos acerquemos más a Él por la verdad y el temor a Jehová.

EL BUEN SAMARITANO

En el relato que Cristo, le hace a un intérprete de la ley, el cual le estaba probando, le pregunta, "maestro ¿haciendo que cosa heredaré la vida eterna? Jesús, le contestó como casi siempre lo hace con preguntas, porque es una forma de mostrar su autoridad. Y de tomar control de la situación llevando la conversación por donde debe ser llevada, para lograr así el propósito de la enseñanza deseada.

Recordemos que él, es nuestro abogado y maestro, nuestro pastor y Dios y como tal funge. "¿Qué está escrito en la ley? ¿Cómo lees? "pregunta Cristo, el intérprete "Aquel respondiendo dijo: *amarás al señor tu Dios de todo corazón,*

Y con toda tu alma,

Y con toda tus fuerzas,

Y con toda tu mente;

Y al prójimo como a ti mismo"(Lucas10:26-27).

Lo interesante de esta conversación es que ciertamente este intérprete de la ley no vivía la ley, es semejante a la higuera, sin fruto con solo hojas, donde la fe es muerta pues no la ponen por obras, no producen frutos lo cual no es permisible en el reino de Dios, porque el verdadero árbol de higo deberá dar frutos buenos y dulces.

La parábola del buen Samaritano, es una cátedra de enseñanza de lo que debe ser el amor, basado en la misericordia para con el prójimo, resaltando los aspectos de la mente, alma, fuerza y corazón. Porque estas son las características que vemos en el buen samaritano, el cual al encontrarse con la situación del herido casi muerto en el camino, hizo lo correcto, amar. Amar de tal manera que limpió sus heridas con aceite y vino, las vendó, lo puso en su cabalgadura y lo llevó a un mesón cuidando de él varios días. Porque dice "otro día al partir, saco dos denarios y los dio al mesonero"(Lucas10:35), pagando todo y más para sanarlo.

Lo interesante es que él, no lo conocía y estaba casi muerto. La enseñanza está en la hipocresía, e indiferencia de corazón de un pueblo que se dice ser pueblo de Dios, pero su corazón esta muy lejos de esa realidad. Por tanto Cristo, le advierte y enseña como debe ser el verdadero amor. Para que haciendo lo correcto vivan y no mueran, porque a través de este amor de Dios, no deberá haber tropiezo alguno en la consecución de la vida eterna. Por eso Cristo dice *"has esto y vivirás"* al referirse a los frutos que son por amor, frutos dignos de arrepentimiento. Lo interesante de esta parábola, es que primero que el Samaritano, pasó un sacerdote y un levita por aquel camino. Camino por donde también pasó el samaritano, pero ninguno de los ministros de Dios, fue movido a misericordia. Porque sus corazones estaban dañados y/o contaminados por los prejuicios contra los cuales Dios, siempre ha luchado. Seguir de largo y no detenerte ante situaciones de vida o muerte de un prójimo, habla de la dureza del corazón del hombre. Y de lo dañado de este, de la insensibilidad y dureza de espíritu e hipocresía, resaltando la falta de misericordia y amor para con el prójimo. "¿Quién, pues, de estos tres te parece que fue el prójimo del que cayó en manos de los ladrones? Él dijo: El que usó de misericordia con él. Entonces Jesús le dijo: Ve, y haz tú lo mismo « (S. Lucas 10:36-37). Ahora bien, ¿Cuantos prójimos han caído en manos del ladrón de las almas? Nosotros como estos ministros no hacemos caso a los que están heridos en las calles, en la esquinas, en los caminos por donde transitamos diariamente. No nos detenemos como debemos de hacer, detenernos y ayudar, ¿será por los afanes de este siglo? ¿será por nuestra hipócrita indiferencia? ¿O porque no hemos entendido el llamado de Dios, para con el prójimo? Este llamado deberá estar en nuestros corazones si somos discípulos, si somos su iglesia.

Ahora bien ¿Quienes son los *samaritanos*?

¿Como los podemos definir?

¿Que significaban y como los veían los verdaderos judíos o el pueblo de Israel? Estas son preguntas que deben ser contestadas para que entendamos la importancia de esta parábola, porque Cristo, estaba enseñándole a un intérprete de la ley y al pueblo de Israel, lo que es misericordia, "si misericordia quiero y no sacrificio". Cuando tu haces misericordia tu estas mostrando una parte de lo que es la esencia del amor, porque de tal manera nos a amado el señor que extendió en Cristo Jesús su misericordia.

CAÍDA DE SAMARIA Y CAUTIVERIO DE ISRAEL
(2da Reyes 17:5-23)

Es imperativo que leamos esta porción bíblica, para así poder entender la condición del pueblo de Israel, el cual le dio la espalda a Dios.

A - Condición del pueblo de Israel:

1. El reino estaba dividido
2. El pueblo de Israel estaba adorando en los lugares altos (montes, montañas).
3. Estaban edificando dioses paganos
4. Las condiciones de los reyes después de Salomón, era que continuaban sacrificando a los ídolos en los lugares altos.
5. No quitaban las imágenes (ídolos) sino que adoraban una mezcla de religiones.
6. Hicieron pasar a sus hijos e hijas por el fuego, dándose a los adivinadores y agoreros.
7. Israel, cayendo fue sometida y deportada por los asirios

ASIRIOS REPUEBLAN NUEVAMENTE A SAMARIA
(2da Reyes 17:24-33)

B - Formación de los Samaritanos hasta el día de hoy; ¿Quienes son?
¿Quienes los componen?

1. La realidad es que son un pueblo constituido de pueblos ya existentes con sus costumbres, culturas, y religiones todas diferentes.
2. El rey de asiria, Salmanazar, trajo gente de Babilonia, de Cuta, de Ava, de Hamat y de Serfarvaim.
3. Como consecuencia de estos nuevos pobladores traídos por el rey los cuales no conocían las costumbres judías y tampoco a Dios, *Jehová*, envió

leones que mataban a los nuevos pobladores, porque no conocían las leyes de Dios.

4. Al darle aviso al rey de Asiría, este tomó la acción de enviar sacerdotes de regreso para que enseñarán a los nuevos pobladores de Samaria, las leyes de Dios, para que así no fueran muertos por los leones que Dios, había enviado.

5. Se les enseñó como debían de temer.

6. Pero cada nación se hizo sus dioses, según donde habitaban;

a) Los de Babilonia - sudot-benot; en las tiendas de las hijas celebraban ritos impuros

b) Los de Cuta - Nergal = es un ídolo en forma de gallo, asociado con los sacerdotes y los monumentos asirios.

c) Los de Hamat - asima = un ídolo bajo una cabra pelona. (culto al animal egipcio).

d) Los Aveos - nibhaz = es un ídolo en forma de perro.
   tartac = ídolo en forma de asno.

e) Los de Serfarvaim - aquí estos quemaban a sus hijos en el fuego para adorar a sus dioses.
   adramalec = molón pavo real.
   anamalec = forma de liebre.

7. Temían a Jehová, e hicieron del bajo pueblo sacerdotes de los lugares altos, que sacrificaban para ellos en los templos de los lugares altos.

"Temían a Jehová, y honraban a sus dioses, según la costumbre de las naciones de donde habían sido trasladados" (2 Reyes 17:32-33 RVR1960).

C-¿Quienes son los Samaritanos? ¿Cómo los definimos?

1. Es un pueblo compuesto de múltiples naciones que fueron traídas por un rey, para poblar una devastada región.

2. Es una combinación de múltiples razas, creando una mezcla de culturas sociedades y religiones lo cual no les da una identidad de pueblo real.

3. Constituidos por la combinación de israelitas que quedaron, ancianos y enfermos. Lo peor de la sociedad que quedó en el territorio y en adicción los que fueron traídos para repoblar la región; (*creo que aquí se aplica lo de la canasta de higos que no se podían comer de tan malo que eran los higos malos y desabridos*) (*Jeremías 24:1-10*).

4. La religión de los Samaritanos, vino a ser una mezcla extraña e impura de servicio a Dios y servicio a los ídolos. Los Samaritanos, solo conocían de Dios, los primeros cinco (5) libros de la Biblia, es decir el pentateuco. Y ese conocimiento de Dios, lo mezclaron con cada una de sus religiones o dioses.

5. Siete fueron el total de ídolos que estas naciones trajeron para repoblar.

6. Este era un pueblo que tenía mucha religión, pero lamentablemente no había podido desarrollar ninguna relación con Dios. Porque no sabían donde buscarlo, ni como, ni donde adorarlo. Aunque Dios, estaba cerca de ellos pero no se le había revelado hasta Cristo (Juan 4:20-24).

JESÚS Y LA MUJER SAMARITANA (Juan 4:4-9)

1. Esa ciudad o región pienso que no estaba reconocida por Israel, moral ni espiritualmente, era anatema o maldita para los Judíos por la historia que había ocurrido en esa región.

2. "¿Cómo tú, siendo Judío, me pides a mí de beber, que soy mujer Samaritana? Porque Judíos y samaritanos no se tratan entre sí." Aquí podemos ver lo siguiente; una especie de racismo, de diferencia social y de bajo auto estima de los de la región de Samaria,

por su trascendencia histórica que hemos leído. Cuando el rey de Asiria, repobló esa región porque Samaria, era un área políticamente desarrollada de esa época. Allí estaban las fuerzas políticas por decirlo así concentradas y lógicamente una región próspera. Donde están las fuerzas políticas esta la elite intelectual, ademas por las condiciones de guerras debo pensar que también la elite de estrategia militar.

3. "Me pides de beber, que soy Samaritana," tal vez de las tiendas de Sucot, de las hijas de los ritos impuros... *porque Judíos y Samaritanos no se tratan entre sí. Ciertamente este no tratarse, se debía a lo espiritual.* Pero lo espiritual se refiere a la pureza del corazón, del alma, de la mente, de lo que hay en lo profundo de tu ser, lo cual provocará fuerza en ti, carácter y vida ("haz esto y vivirás") ¿no fue lo que Jesús le dijo al intérprete de la ley?

4. *"Dame de beber"; fueron las palabras que Jesús, le dijo a la mujer Samaritana, cuando esta fue al poso de Jacob a buscar agua, entonces debemos entender lo siguiente:*

a) *Cristo en ningún momento dijo tener sed, pero si se dijo que estaba cansado del camino, por eso se sentó junto al pozo porque estaba esperando a dicha mujer.*

b) *Cristo, tenía que hacer el acercamiento en el tiempo real de Él "le era necesario pasar por allí" y Él tenía que comer una comida que los discípulos no sabían, ni tampoco entenderían en ese tiempo.*

c) *La mujer Samaritana, era la que tenía sed, pero también tenía hambre, si tenía sed y hambre de la justicia y verdad, por eso creyó al instante porque ella al igual que los demás Samaritanos, estaban esperando al Mesías, llamado el Cristo de la gloria.*

"Le dijo la mujer: Sé que ha de venir el Mesías, llamado el Cristo; cuando él venga nos declarará todas las cosas. Jesús le dijo: Yo soy, el que habla contigo" (S.Juan 4:25-26).

La mujer samaritana, era la que realmente estaba cansada del camino, de esperar y desear un encuentro real y verdadero con el Cristo. El cual le declararía todas

> *las cosas, Cristo, sabía que ella realmente tenía gran*
> *necesidad. Pero como muchos, no saben donde buscar y se*
> *cansan de no encontrar buscando lo que es, la paz y el*
> *gozo de justicia para su corazón.*
> d) *Cristo le hizo entender, que solo con él podía satisfacer su*
> *sed, su necesidad. Porqué le dice; "si conocieras el don de*
> *Dios, y quien es el que te dice dame de beber; tu le pedirías y*
> *el te daría agua que salte para vida eterna". (S.Juan 4:10).*

Cristo se está refiriendo a la pureza de el espíritu y a la sinceridad del corazón. Cristo, entiendo bebió de la sinceridad de espíritu y del corazón de la mujer, la cual se abrió a dar de su verdad, lo que sabía, lo que entendía y estaba viviendo. De que había tenido cinco maridos y el que tenía no era su marido, el cual era el sexto. Pero el corazón de ella estaba preparado para recibir el séptimo de sus hombres desde una perspectiva totalmente diferente y espiritual. Donde sería marcada por la verdad a través de la revelación del mismo Dios en Cristo. Me imagino, que ella entonces adoró en espíritu y verdad porque conoció lo que es la verdadera adoración a Dios, sabiendo desde luego a quien debía adoración. Porque ellos estaban adorando lo que no sabían (Juan 4:22). Hermanos, Cristo, se sumó a la lista de esa mujer como el séptimo hombre y verdadero espiritualmente hablando. Llegó a su vida y entro dándole presente de libertad, verdad, justicia, vida y paz, verdadera satisfacción de necesidad cumplida en el ser interior.

Todo lo que había robado Satanás y más, lo cual estaba buscando en su caminar la mujer Samaritana. Jesús, se deleitó, comió y bebió de la verdad y sinceridad de esta mujer ademas de su sencillez. Ella creyó y no solo creyó sino que al instante se hizo evangelista, declarando he visto a un hombre que me ha dicho todo cuanto he hecho "será este el Cristo". Hermanos, yo veo a esa mujer Samaritana, como la iglesia, la novia de Cristo, como él nacer de una iglesia de gente sencilla, humilde de personas que en su corazón han estado buscando la verdad por años. Gente sufrida, gente maltratada, gente burlada, despreciada, marginada, gente no amada, pero con un corazón grande para amar a pesar de su caminar. Por eso Cristo, dice "venid a mi todos los que estéis trabajados y cargados que yo los haré descansar". Pueblo lleno de esperanza, de justicia, de verdad en su espíritu porque son sinceros, aunque no conozcan la verdad. Porque tienen un corazón grande para Dios, de sinceridad, llenos de fe, esperando por algo que nunca antes habían visto pero que si habían escuchado. Y como a la iglesia, Dios se nos reveló, para que podamos dar de beber a otros por la fe en Cristo, así mismo Cristo se le reveló a esta mujer al decirle: _"Yo soy el que habla contigo"_ *(Juan4:26)*. **Cuando le damos a Cristo, sinceridad de nuestro corazón, entonces el nos da de beber de su agua que salta para vida eterna, porque el prometió enviar el consolador a nuestras vidas.**

"Y muchos de los samaritanos, de aquella ciudad creyeron en él, por la palabra de la mujer, que daba testimonio diciendo: Me dijo todo lo que he hecho. Y creyeron muchos más por la palabra de él, y decían a la mujer: Ya no creemos solamente por tu dicho, porque nosotros mismos hemos oído, y sabemos que verdaderamente éste es el Salvador del mundo, el Cristo" (S.Juan 4:39, 41-42).

¿NO SON DIEZ LOS QUE FUERÓN LIMPIADOS?

"Entonces uno de ellos, viendo que había sido sanado, volvió, glorificando a Dios a gran voz, y se postró rostro en tierra a sus pies, dándole gracias; y éste era samaritano. Respondiendo Jesús, dijo: ¿No son diez los que fueron limpiados? Y los nueve, ¿dónde están? ¿No hubo quien volviese y diese gloria a Dios sino, este extranjero?» (S. Lucas 17:15-18).

Nuevamente Cristo, resalta las virtudes del corazón de gente sencilla, de gente común, de gente sin lugar o posición en la sociedad delante de los hombres. Gente desvalorizadas, desconocidas, extranjeras y hasta sin nombres. Personas agradecidas... solo sencillos Samaritanos, gentiles y/o gente común. Pero que son personas humildes, gente dispuesta, guardadoras de justicias, guardadora de verdad. Pueblo que no siendo su pueblo, Dios, nos ha echo parte de sí. Porque los frutos son los que emanan o nacen del corazón, sinceros, espontáneos y correctos los cuales glorifican a Dios. Porque son los frutos que Jesús vino a buscar y no halló en su pueblo.

Entonces al mirar a su lado a visto un pueblo, que no siendo su pueblo, tiene corazón para Él, por la fe la cual obra por el amor. Así se atestigua y este ejemplo de los "diez leprosos" continúa atestiguando y confirmando lo que Él vino a buscar.

Me es interesante que Cristo, utilizara estos tres ejemplos para presentar tres puntos de situaciones diferentes las cuales marcan pautas de lo que debe ser un corazón, limpio, puro, entendido, agradecido y libre de prejuicios. Que además andan buscando la verdad, lo cual provocará sed de verdad en el corazón,(justicia). Ahí es donde Dios habitará, ese es su aposento, y la palabra misma nos dice que sobre toda cosa guardada, guarda tu corazón, porque de él mana la vida.

Vemos en estos tres casos un corazón, para hacer misericordia, en el buen Samaritano, en la la mujer un corazón, para buscar la misericordia y creer en la verdad. Y en el ex-leproso un corazón, agradecido por la misericordia mostrada por Cristo.

En los tres casos el corazón, ha sido la constante porque en este caso de los diez ex-leprosos que Cristo sanó solo uno regreso a dar gloria y agradecimiento por haber sido sanado. Y lo mas importante es que siendo extranjero tubo un corazón como para Dios. Ahora hemos visto como los Samaritanos, eran considerados extranjeros, porque así lo mencionan los discípulos en este pasaje aunque CRISTO, no lo veía así porque el dice que había venido a las ovejas perdidas de Israel. Y aunque Cristo, dice y solo este extranjero regreso a dar gracias, lo que quiere resaltar es su corazón agradecido. También dice que sus ovejas oyen su voz y le siguen. Porque no solo se refiere literalmente al pueblo de Israel, sino al Israel espiritual. Ahí entramos tu y yo, porque su llamado de fe, nuestros corazones lo recibieron agradecidos, constituyéndonos así parte de su pueblo.

El Simbolismo en el árbol de higo

El simbolismo espiritual con este árbol dicta lo que debe ser el pueblo de Israel ademas de que Dios, utilizó y utiliza este árbol para mostrar unas etapas en tiempo y espacio de una peregrinación de un pueblo Judío, a través del mundo utilizando expresiones como:

* "De la higuera aprended" (Mateo 24:32-32)
* "Mirad la higuera y todos los árboles..... sabed que esta cerca el reino de Dios (Lucas 21: 29-32)
* "El hacha ya esta puesta a la raíz de los árboles "... (Mateo 3:10)
* "La higuera estéril (Lucas 13:6-9)
* "Dos canastas de higos (Jeremías 24:1-10) una de ellas tenía frutos buenos" ...
* "Aunque la higuera no florezca" (Habacuc 3:17-19)
* "Porque he aquí ha pasado el invierno, se ha mudado...se han mostrado las flores en la tierra, el tiempo de la canción ha venido,...La higuera ha echado sus higos...Levántate, oh amiga mía, hermosa mía y ven."(Cantares 2:11,12,13)
* "De la higuera aprenden la parábola: Cuando ya su rama esta tierna, y brotan las hojas, sabeís que el verano está cerca" (Marcos 13:28-31)
* "Asoló mi vid, y descortezó mi higuera; del todo la desnudó y derribó; sus ramas quedaron blancas. La vid está seca, y pereció la higuera";... (Joel 1:7-12)
* "porque los árboles llevarán su fruto, la higuera y la vid darán su frutos." Y os restituiré los años que comió la oruga, el saltón, el revoltón y la langosta, mi gran ejército que envíe contra vosotros. (Joel 2:22-25)
* "Os herí con viento solano y con oruga; la langosta devoró vuestros muchos huertos y vuestras viñas, y vuestros higuerales y vuestros olivares; pero nunca os volvisteis a mí, dice Jehová. (Amós 4:9)
* "Dijo también esta parábola: Tenía un hombre una higuera plantada en su viña, y vino a buscar fruto en ella, y no lo halló"... (S. Lucas 13:6,7-9)
* "así ha dicho Jehová de los ejércitos: He aquí envío yo contra ellos espada, hambre y pestilencia, y los pondré como los higos malos, que de tan malos no se pueden comer. (Jeremías 29:1)

CAPÍTULO 9

DOS VERTIENTES EN LA CRUZ

Una de ella era el odio y la otra es el amor: Cuando Cristo, fue crucificado paralelamente estaban sucediendo dos sacrificios, dos acciones; una era humana, sin el conocimiento espiritual (*"Señor perdónalos porque no saben lo que hacen"*). Y la otra espiritual o del cielo, del corazón de Dios, porque así tenía que suceder. A eso fue enviado Cristo, y ambos sucesos a la misma vez, en un marco paralelo. Donde la acción ocurre al mismo tiempo que la otra, pero en el orden permitido por Dios, aplicando algunos aspectos semejantes.

"Respondiendo Jesús, les dijo: Yo también os haré una pregunta, y si me la contestáis, también yo os diré con qué autoridad hago estas cosas. El bautismo de Juan, ¿de dónde era? ¿Del cielo, o de los hombres? Ellos entonces discutían entre sí, diciendo: Si decimos, del cielo, nos dirá: ¿Por qué, pues, no le creísteis? Y si decimos, de los hombres, tememos al pueblo; porque todos tienen a Juan por profeta" (S. Mateo 21:24-26 RVR1960).

Esta fue la pregunta que Cristo, le hiciera a los principales sacerdotes y ancianos que estaban buscando ocasión para acusarles.

1.__Primer Vertiente, sucesos y/o acciones__: Acción de odio, Condenación, crucifixión y muerte de Cristo.

* Fue un proceso manipulado y políticamente gestado (Mateo26:3-4).

* La religión y su gobierno, entiendan los líderes religiosos, los principales sacerdotes se habían prostituidos y estaban en unión o alianza con el gobierno romano, por beneficio y control del pueblo de Israel.

* Era la preparación de la pascua, y como la hora sexta. Entonces dijo a los judíos: ¡He aquí vuestro Rey! Pero ellos gritaron: ¡Fuera, fuera, "crucifícale! Pilato les dijo: ¿A vuestro Rey he de crucificar? Respondieron los principales sacerdotes: No tenemos más rey que César". (S.Juan 19:14-15 RVR1960). Entonces, esto por años ha sido parte de esa su maldición que por la boca de los mismos que lo crucificaron se echaron, pues salió de su corazón. Acarreando así todo lo que por su boca salió y por todos estos años han vivido.

Podemos decir que el César representa el gobierno humano, el mundo. Además el César, se constituía así mismo como dios, y el pueblo romano así lo veía "dad pues al Cesar lo que es del Cesar, y a Dios lo que es Dios."

* Y respondiendo todo el pueblo, dijo: Su sangre sea sobre nosotros, y sobre nuestros hijos. (S. Mateo 27:25 RVR1960)

* Si la sangre fue sobre el pueblo Judío, entonces ellos tenían que expiar sus propios pecados, porque el vino a los suyos y no le recibieron, ellos le rechazaron crucificándolo. Entonces este rechazo de Cristo a venido a ser la maldición que ellos mismos han acarreado por siglos. Este no recibir a Dios, a través de Jesús, es un rechazo más a todo el esfuerzo que el mismo Dios, ha echo por unir y cuidar su rebaño Israel. Por eso cuando se habla de que a los "suyos vino" pero los "suyos no le recibieron" se habla de un rechazo casi total porque a los que le recibieron les ha dado potestad de ser llamados hijos de Dios.

* Entonces vemos cuán grande es este misterio el cual es por la fe ya que la fe obra por el amor, por lo que fue Cristo, crucificado. La misma fe que provoca en unos la acción de creer en otros, al no creer provoca dureza de corazón y falta de obediencia y muerte. Esta acción de creer, en los hombres de fe cuando aún no se hablaba de ella y no se conocía su definición provocó el que Dios los honrase, porque su convicción los llevó a creer más allá de toda duda.

* Cristo Jesús, murió por fe, pero también por fe resucitó (..." la fe obra por el amor Gálatas 5:6") murió creyendo en ti y

en mi, creyendo en que le recibiríamos, en que le creeríamos a él, en que recibiríamos su sacrificio de amor una vez y para siempre. Donde ya no hay más ningún sacrificio por hacer porque todo se consumó con su muerte en la cruz como el le dijo al Padre. Para que así podamos nosotros entrar en ese último reposo que Dios ha preparado para todos los que le aman.

* El amor el cual es la esencia de Dios, fue lo que lo motivo a seguir, porque el sabía y estaba viendo lo porvenir de la humanidad a través de ese su acto y sacrificio de amor. El dejarse crucificar teniendo todo el poder para rechazarlo habla por sí solo de su compromiso de amor para con nosotros.

* En este acto se selló la vida y la muerte de la humanidad, porque en la cruz *todos somos iguales,* porque en la posición en la que estamos sobre el madero no se hace diferencia. Estamos expuestos a todo tipo de cosas y también a la deshonra de nuestra desnudes por el pecado. Pegados a una realidad que sólo la fe, la esperanza y el amor pueden vencer y esto realmente fue lo que Cristo llevó a la cruz.

* Si la sangre de Cristo fue sobre ellos, ¿Eso no era lo que se hacía cuando se llevaba acabo un sacrificio donde la sangre del cordero se rociaba sobre las paredes del altar, en expiación del pecado del pueblo? Entonces ellos se hicieron paredes del tabernáculo, siendo ellos pecadores.

* Pagar ese precio de que" la sangre del hijo de Dios, sea sobre ellos" ha sido algo muy costoso para todo el pueblo de Israel. Especialmente a los que no le han creído y recibido porque sus palabras han venido a ser maldición, cuando la bendición la rechazaron al crucificarle.

* Es necesario que ellos a través de estos más de 2000 años hallan estado expiando su pecado y la traición, muerte y sacrificio que provocaron con Jesucristo.

* Esta falta de amor y aceptación al que vino a salvar a su pueblo por amor, no fue recibido, sino fuertemente rechazado hasta el extremo de crucificarle, por eso dice; *a los suyos vino y los suyos no le recibieron...*

* Vemos el amor de Dios, el cual dio por la salvación de su pueblo, primeramente a los suyos a los cuales vino a salvar y a redimir de sus pecados.

* Esta gran y única acción espiritual de redimir los pecados de un pueblo de dura cerviz, por el sacrificio de amor de Dios enviando a su hijo como única y última solución actuará en contra de los que **no** le recibieron, pudiendo. Y esto es una acción en tiempo presente, porque al día de hoy este amor de perdón el cual viene por el arrepentimiento está vigente, y esto es parte de su *gracia*.

* El pueblo de Israel, tomó una errada determinación de crucificarle, y al hacer tal injusticia trajeron para sí y para su descendencia maldición. Y todos estos procesos de sufrimientos he injusticias que por más de 2000 años han estado afrontando y viviendo en todos los lugares y naciones de todo el mundo donde han vivido.

* Pero como Dios, es uno de amor produjo que la injusticia del hombre viniera a ser el pan de vida para la humanidad. Es decir que Cristo, transformó esa injusticia en justificación. Para que a través del creer en la injusticia de la que fue objeto Cristo, tú y yo recibiéramos vida por amor.

* Todo lo que le ha sucedido al pueblo de Israel, es producto de sus actos y la historia Bíblica misma así lo respalda (Lucas 23:27-31). Aquí vemos la ratificación y el sufrimiento al que habría de estar los Judíos producto de sus acciones y de la maldición que ellos mismos se echaron.

* El pueblo de Israel, se hicieron parte así mismo de un gobierno, al cual ellos no pertenecen y eligieron al César, como su rey (gobierno del mundo). No es éste el gobierno que por más de 2000 años ha estado determinando su futuro en todos los lugares donde han ido y puedan ir. Porque eso fue lo que ellos eligieron al decir nosotros no tenemos más rey que el Cesar. Entonces ellos para lograr su propósito se desligaron de su identidad de pueblo, cambiando un rey espiritual el cual es Dios, por un rey pagano que se constituía dios. El cual es un gobierno y reino humano.

* Tomaron la justicia de un justo en sus manos, haciéndose ellos como tabernáculos de un sacrificio que nadie podía ejecutar. Porque se supone que el que sacrifique este purificado, limpio habiéndose purificado así mismo. Pero, ¿como alguien inmundo puede sacrificar a un justo tan perfecto como Cristo? Entonces no había manera de que una persona que estuviera en pecado propiciara un sacrificio

de perdón y que no cayera muerto en el lugar santísimo. De manera que todo el pueblo vio el sacrificio que sólo le estaba permitido a un hombre realizar una vez al año. Porque al ejecutar el sacrificio fuera del templo, el cielo y la tierra fueron testigos de tal acción, ya que es un sacrificio para todo el que crea. Es un sacrificio para vivir por gracia, porque donde este el Espíritu de Dios, allí hay libertad.

* Este sacrificio fue uno que vino a ser humano en la forma en que se realizó. Y las personas que lo realizaron, gobierno y soldados romanos apoyados por la elite religiosa, totalmente paganos y sin temor de Dios. Además de que las razones e intereses fueron puramente egoístas y con voluntad maliciosa.

* El odio fue uno de los detonantes que encausó tales acciones para con Cristo. "Ejecutando el principio humano de que el fin justifica los medios".

* Cuando crucificaron a Cristo el pueblo de Israel se estaba desligando del regalo de la gracia que había sido enviada por Dios. Porque el perdón que el Padre envió es un perdón en su hijo Jesucristo.

* El no recibir la gracia como forma de vida ha provocado muerte y duras penalidades, las cuales son y serán justificadas por sus acciones mismas. Pero la ley obliga a la ley a justificarte, provocando que seas juzgado como juzgaste porque la ley mata más el Espíritu vivifica. De modo que en (Gálatas 5:4) "dice: De Cristo os desligasteis, los que por la ley os justificáis; de la gracia habéis caído". De manera que el pueblo de Israel, no ha sabido gozar del regalo que ellos provocaron con la muerte de Cristo en la cruz. La muerte de un justo inmerecida ha provocado un regalo de gracia no merecido para sus propios verdugos. Porque esa es la gracia y ese es el amor que proviene como suma o resultado de esa su misericordia, abundante gracia.

* En Jeremías 2:13 dice;" Porque dos males ha hecho mi pueblo: me dejaron a mí, fuente de agua viva, y cavaron para sí cisternas, cisternas rotas (pozos) que no retienen agua". El pueblo de Israel, desechó al rey de reyes y señor de señores en Cristo y prefirieron al César,...valla que maldición.

* Las maldiciones, como consecuencia de rechazar a Dios, fueron profetizadas por Moisés, en (Deuteronomio

28:36-37,45,49,57), (Oseas 2:1-23, 2:12) "Y haré talar sus vides y sus higueras, de las cuales dijo: Mi salario son, salario que me han dado mis amantes. Y las reduciré a un matorral, y las comerán las bestias del campo". (Oseas 2:12)

"¿Se han avergonzado de haber hecho abominación?

Ciertamente no se han avergonzado en lo más mínimo, ni supieron avergonzarse; caerán, por tanto, entre los que caigan; cuando los castigue caerán, dice Jehová. Los cortaré del todo, dice Jehová. No quedarán uvas en la vid, ni higos en la higuera, y se caerá la hoja; y lo que les he dado pasará de ellos". (Jeremías 8:12-13).

* "Viendo Pilato, que nada adelantaba, sino que se hacía más alboroto, tomó agua y se lavó las manos delante del pueblo, diciendo: Inocente soy yo de la sangre de este justo; allá vosotros. Y respondiendo todo el pueblo, dijo: Su sangre sea sobre nosotros, y sobre nuestros hijos". (S. Mateo 27:24-25)

En los profetas que mencioné podemos ver como se han cumplido esos horrores como consecuencia de esa palabra de maldición que ellos mismos se adjudicaron. Para lograr su propósito, el de sacrificar a Cristo. Al día de hoy todavía están expiando su propia maldición, sin humillación, arrepentimiento y reconocimiento que Cristo, es Dios y que él reina.

2. **Segunda Vertiente, sucesos y/o acciones**: Acción de amor, Sacrificio voluntario para la salvación de un pueblo espiritual, el reino de Dios.

* El sacrificio de Cristo, era la única alternativa para salvación de la humanidad, porque el perdón del Padre sería efectivo sólo a través de su hijo.

* El que a los suyos halla venido y los suyos no le hallan recibido habla de una abertura generalizada del llamado que Dios hace en la cruz, con su hijo. Este es uno de fe y por amor, donde aquí ya no hay nada mas que hacer por el pueblo Judío. Sino que tu corazón es y será la razón, que te hará recibir este llamado a la humanidad.

* Este sacrificio voluntario de parte de Dios, en Cristo, era necesario y fue una decisión por amor. La cual se tomó sin consultarnos, segundo fue decisión de Cristo, obedecer ya que

esto es una determinación del padre, pero una acción de fe y obediencia de Cristo. Por eso dice que Cristo, es el autor y consumador de la fe.

* Era necesario que Cristo, primero padeciera por nuestros pecados y segundo fuera muerto, y que fuera sepultado y resucitara, porque el tenía que vencer la muerte y al aguijón de la muerte el cual es el pecado en la humanidad. Porque el pecado, por la ley vive y se alimenta, este tenía que ser vencido. (1Corintios 15:54-57)

* Así que donde no hay ley, porque no existe el pecado ya que la sangre de Cristo, que vertió en la cruz nos limpia. Y al aceptarlo arrepintiéndome me justifica quitando por la sangre, el pecado que había en mi. Es decir que donde no existe el pecado porque Cristo, lo crucificó en la cruz tampoco existe la ley. Entonces como consecuencia no puede haber muerte en los que creemos en Cristo Jesús, el autor y consumador de la fe.

* Aquí podemos ver lo que Pablo, dice sobre que la ley mata más el Espíritu vivifica en Cristo Jesús.

* Pero hermanos hay algo todavía por venir, porque el último enemigo que Cristo vencerá totalmente para la humanidad será la muerte. Porque todavía no se ha cumplido el tiempo por amor a la humanidad para que esto suceda. Porque hay mucha gente, que tiene que ser salvada por el amor que tu y yo hemos sido salvos.

* Es importante que nos detengamos a leer y nos memoricemos estos dos versos que leen en (Juan 3:16-17). Porque este ha sido el propósito de Dios, para con la humanidad siempre.

* Fuera del campamento todo el pueblo, el mundo y los que en el habitan pudieron ser testigos de el sacrificio y el acto de fe de Cristo. En el tabernáculo era una acción o hecho privado donde sólo algunos escogidos podían participar. Ahora con este hecho se hace un tabernáculo abierto donde igualmente se abre su perdón a todos los hombres. Cortando de raíz rudimentos y acciones de perdón limitados, alcanzando su misericordia a todos los que la quieran.

* Antes de que se rompiera el velo de el templo en dos Cristo, había ya roto con el velo espiritual que hacia separación entre Dios y los hombres. Dándonos acceso directo

por Cristo a Dios a través de la fe que es por amor. Y esto fue un hecho, público donde ninguno de los que envueltos participaron, pudieron entender de lo que estaban siendo testigos. *Se estaba creando la salvación de la humanidad por fe en amor. Esta revelación les sería dada más adelante por el Espíritu Santo.*

    * *Los velos al igual que las líneas hacen separación, crean distancias, marcan desconfianza y límites entre las partes. Y esto no permite buena relación, también marca cierta intimidad. Así qué Cristo, propició el que se derrumbara todo lo que el pecado había antepuesto permitiendo acceso confiadamente ante el trono de la gracia. Porque para poder haber confianza tiene que haber transparencia de ambas partes.*

    * "Jesús, fue a la verdad como esta escrito de él" (Mateo 26:24).

    * "Porque esto es mi sangre del nuevo pacto, que por muchos es derramada para remisión de los pecados" (S. Mateo 26:28).

    * En la cruz junto con Cristo, existen <u>dos vertientes adicionales</u>, con necesidades espirituales, con relación a la misma necesidad de perdón.

    * Tenemos dos malhechores, ladrones, pecadores, que están siendo crucificados con Cristo, totalmente humano, totalmente perfecto, totalmente hijo de Dios.

    * Cristo en la cruz está en una transición o cambio a su transformación, la cual siempre tuvo con el Padre. Transformación a la perfección del Dios viviente espiritual. Este proceso de muerte la cual en realidad es un proceso de vida en amor para la humanidad.

    * Dos ladrones que están totalmente perdidos y apartados de la verdad y la vida. Será simbolismo de la condición de Israel, y del mundo.

    * Dios humillado hasta lo máximo, para poder ser hallado por los hombres como él, en aquel momento de crucifixión aunque el no fue ni es pecador.

    * La realidad de los tres hombres estaban siendo llevadas a la cruz, tres realidades diferentes delante de Dios, en esencia y en propósito. Aunque para los que lo crucificaron la esencia o la realidad pareciera la misma. La verdad es que delante de

Dios, se estaba gestando y firmando con sangre un acuerdo de vida para la humanidad, un nuevo pacto perfecto.

* En esta realidad, dos hombres y un Dios, sucede un diálogo entre los los hombres que están con Cristo, y este escuchando. (Lucas 23:39-42)

* Y uno de los malhechores que estaban colgados le injuriaba, diciendo: Si tú eres el Cristo, sálvate a ti mismo y a nosotros. (S. Lucas 23:39)

* Respondiendo el otro, le reprendió, diciendo: ¿Ni aún temes tú a Dios, estando en la misma condenación? (S. Lucas 23:40)

* Nosotros, a la verdad, justamente padecemos, porque recibimos lo que merecieron nuestros hechos; mas éste ningún mal hizo. (S. Lucas 23:41)

* Y dijo a Jesús: Acuérdate de mí cuando vengas en tu reino. (S. Lucas 23:42)

* Entonces Jesús le dijo: De cierto te digo que hoy estarás conmigo en el paraíso. (S. Lucas 23:43)

* Dos reos de muerte en la misma condenación, con dos corazones distintos, el cual hace la diferencia entre la vida y la muerte, porque dice la palabra que sobre toda cosa guardada, guarda tu corazón porque de él mana la vida.

* En este diálogo del cual CRISTO, es observador tenemos que hacernos las siguientes preguntas.

1. *¿Que nos quiere mostrar Dios con esto?*
2. *¿Porque Dios, permitió esta conversación en el proceso de la muerte de su hijo?*
3. *¿Qué relación o similitud hay entre ellos y diferencias también?*
4. *¿Cómo operó, y actuó la fe en ellos?*
5. *¿Cual fue el resultado de ese diálogo y que causó o provocó?*
6. *¿Cómo actuó el amor de Dios en ambos ladrones?*
7. *¿Hay esperanza hasta el último segundo de vida?...¿Tal es el amor de Dios?*

* Si nosotros podemos contestar alguna, aunque sea una de estas preguntas, entonces podemos predicar a CRISTO y a este crucificado

en la forma y manera que Dios nos permita para salvación de las almas.

* Porque al contestar algunas de esas preguntas estamos empezando a entender la inmensidad del Amor de Dios en Cristo Jesús. Entender el porque, el cual, el dónde y el como de el poder de su amor, nos acercará a Dios y esto debemos tratar de entenderlo.

* Mas sin embargo, si aún así no lo podemos entender, ni explicar todavía nos queda la fe, la cual no actúa por la razón sino por la convicción, porque la fe obra por el amor, amen.

* La frustración del hombre ante la impotencia sobre la muerte y por no conocer o por falta de fe. Provocará ira la cual terminará en malas acciones y determinaciones. Esto será producto de ese no poder hacer nada ante tan poderoso enemigo, *la muerte. «Pues la ley produce ira; pero donde no hay ley, tampoco hay transgresión.»* (Romanos 4:15). Porque la muerte entró cuando la ley cobro vida y por el conocimiento de esta, pero el no conocerla no nos exime de la muerte. Solo el recibir, el creer, el confesar a Cristo, nos librará de la muerte. Este primer ladrón aún en la cruz, se mantuvo en la ley y por la ley fue juzgado.

* De esas dos vertientes en la cruz, una de ellas el *odio* y la otra el *amor*, cada una representada por un ladrón a los extremos de Cristo. Aquí vemos como se expresa la amargura y el odio de corazón en sus palabras por el primer ladrón. El cual no pudo ver por su dureza de corazón la verdad que el estaba viviendo al lado de Dios.

* El segundo ladrón, expresa su buen juicio dando testimonio y testificando de Cristo, humillándose y reconociendo su condición de pecador en la cruz antes de su muerte. Esto habla del buen juicio como una característica de la sabiduría que te ha de conducir al amor eterno de Dios. "Porque con el corazón se cree para justicia, pero con la boca se confiesa para salvación" (Romanos 10:10).

* Ciertamente este sabio ladrón y su buen juicio le ayudó a reconocer en sus últimos minutos de vida que Cristo, es Dios, que Cristo, reina. Y se humilló y reconoció su condición de pecador arrepintiéndose delante de Dios y de los hombres. Recibiendo por respuesta el perdón y la entrada al paraíso con Cristo.

Nuestras vidas hermanos no están o estuvieron muy distante de la condición de uno de estos dos pecadores. Por cuanto todos hemos pecado dice la Biblia que somos reos de muerte. Pero con Cristo, en la cruz de nuestra diaria vida como él dice que si alguno quiere seguir en pos de mi, que tomemos nuestra cruz y le sigamos. Sucede entonces como comenta el apóstol Pablo, cuando dice; "Con Cristo, estoy juntamente crucificado" y ahora no vivo yo sino CRISTO, vive en mi.

Hermanos la muerte de Cristo en la cruz, es la máxima expresión del amor de Dios. Donde el que no cree en su sacrificio por amor ya ha sido condenado y no hay nada mas por hacer, siendo así el mismo amor que te salva el que te ha de condenar por no recibirlo.

Capítulo 10

EL ODIO, EL MEJOR TERRENO PARA SEMBRAR AMOR

Ciertamente el odio, es un sentimiento que se expresa a través de nuestros actos de muchas formas y maneras. Es el sentimiento contrario al amor, y sus características son tan variables e indescifrables muchas veces. Lo que hace de este sentimiento hasta la hipocresía, como una de sus muchas características. Como poderlo descifrar, como poderlo definir claramente cuando entre sus características reina la hipocresía, no se nos hace de esta definición nada fácil. Pero que bueno es Dios, el cual nos dio el Espíritu Santo, que nos ayuda con el discernimiento para poder descifrar asuntos como este. Donde el engaño y la traición se suman a este sentimiento tan feo, junto con el celo, la avaricia y el orgullo. Y otros tantos que se puedan sumar aquí y que usted también puede traer en consideración, hasta el extremo de hacer una lista tratando de definirlo. Tal vez podamos darnos cuenta que la lista que define este sentimiento tan feo pero real, puede ser inmensamente larga. Porque los sentimientos tienen tantas formas de expresión y este en especifico tiene multiformes maneras de darse a conocer.

El odio puede provocar sentimientos de destrucción, aversión, desestabilidad del equilibrio, de la armonía en nuestras vidas. Autodestrucción, envidias afectando la armonía de otros. Además de contiendas, confusión, indiferencias, y otras tantas características poco agradables.

Y que podemos decir de los prejuicios, los crímenes de odio, los acosos, insultos, intimidaciones, y hasta actos criminales. Cuando llegamos a estos extremos característicos del odio, ya le estamos dando rienda suelta al pecado. Este está logrando el propósito de dañar nuestras vidas y la del prójimo, porque el fin del odio es dañar, robando, matando y destruyendo.

No es esta la función de Satanas, no ha venido el enemigo a estas cosas que dañan la armonía creada por Dios. Pero son hermosas las palabras de CRISTO, yo he venido para que en mi tengan vida y vida en abundancia.

El pecado por prejuicio por decir alguno por odio, es una clara expresión contraria de lo que es el amor de Dios. ¿Porque Dios, nos manda que amemos al prójimo como a nosotros mismos? Pero la primera parte dice que primero amaras a Dios. Entonces no podemos tener con Dios, un amor de conveniencia, porque no estamos amando realmente y Dios, lo sabe pero te da espacio para que nosotros aprendamos de ese su verdadero amor.

Amar, no importando las opiniones, creencias, religiones, países, nacionalidad, profesión, condiciones sociales, razas, o color. Sean alcohólicos o adictos, vagabundos, conocidos o por conocer por decir algunos es lo que siempre debemos de hacer, amar. Porque ha sido lo que Dios en su palabra nos ha enseñado. Es la deuda de amor que le debemos pagar a Dios.

El amor no se deja, ni se dejará llevar por los rudimentos y estructuras sociales. Poniendo condiciones a la aceptación y propuestas hasta cierta formas vergonzosas, las cuales echan a un lado lo que Dios, ha dispuesto.

Humanizando las condiciones de vida, engañando y confundiendo más al hombre, en el sistema diseñado y estructurado por Dios. El odio, es el detonador constante de estas falsas estructuras, las cuales socavan la fe de muchos.

Las repercusiones o los efectos a largo y corto plazo como la violencia son síntomas del odio. Pienso que este al igual que el amor se enseña y crece aumentando en síntomas afectando mas tu vida y al prójimo. ¿Pero en base a que? y ¿porque?. En la palabra de Dios, dice Santiago: "¿De dónde vienen las guerras y los pleitos entre vosotros? ¿No es de vuestras pasiones, las cuales combaten en vuestros miembros?

Codiciáis, y no tenéis; matáis y ardéis de envidia, y no podéis alcanzar; combatís y lucháis, pero no tenéis lo que deseáis, porque no pedís" (Santiago 4:1-2). Ciertamente todo esto proviene del corazón, aferrándose a nuestras vidas dañando nuestro espíritu el cual es de Dios y en él hay eternidad.

Aborrecer es falta de amor, porque CRISTO, reseña que cualquiera que lo aborrezca a él, también al padre aborrece. Esta palabra en el griego significa amar menos como para elegirlo a Él y a Dios, sobre todo. Entonces cuando esto sucede lo estoy amando menos, porque en el verdadero amor para con Dios, este siempre deberá ser primero.

Hace algunos años me encontré a un buen amigo y ex-compañero en la universidad y del equipo de atletismo *Luis Martinez,* y de inmediato salió el tema de Cristo, este encuentro fue en una competencia de escuelas cristianas, comenzamos a dialogar y el me hace la siguiente pregunta *Alex,¿En que lugar esta CRISTO, en tu vida?, y rápidamente antes de contestarle, pensando en la pregunta, la cual fue rápida al comienzo de la conversación. Y* el mismo contesto, si no está en el primer lugar de nuestras vidas estamos mal.

"El que me aborrece a mí, también a mi Padre aborrece. Si yo no hubiese hecho entre ellos obras que ningún otro ha hecho, no tendrían pecado; pero ahora han visto y han aborrecido a mí y a mi Padre". (S.Juan 15:23-24)

Nos debemos desligarnos de la definición bíblica aunque busquemos otras definiciones, veremos que este aborrecer es sinónimo de odio, pero mas liviano es un alejamiento de lo que realmente es amor y define a Dios. En la Biblia dice; "Si alguno viene a mí, y no aborrece a su padre, y madre, y mujer, e hijos, y hermanos, y hermanas, y aun también su propia vida, no puede ser mi discípulo" (S. Lucas 14:26). Porque en el griego aborrecer quiere decir repito, *"amar menos"* el verbo en griego es **miseo,** el cual describe el amar menos.

Entonces para yo poder amar a Dios más, no menos tengo que esforzarme y utilizar mi mente, mi alma y mi corazón, para así yo poder poner, y exponer a Dios, en el lugar que me exige Cristo.

Porque al hacer lo que estoy haciendo es amar primero la voluntad de él, el cual me exige que ame a mi prójimo como a mi mismo. De donde haciendo esto deberá desaparecer el odio en mi vida. Porque el odio se ha de combatir con amor, pero no un amor fingido, un amor pobre, o un amor de conveniencia, sino uno que trascienda los parámetros humanos. Un amor que da no esperando nada a cambio, un amor que logre por su esencia penetrar. Como el aceite hasta las coyunturas para lubricarlas en lo profundo. Un amor que sea como agua en el desierto para una persona que se encuentra perdida sin fe, sin esperanza.

Solo cuando ponemos a Dios, en el primado de nuestras vidas es que podemos ser de bendición al prójimo. Sembrando amor, porque el poder ser parte de la solución ejecutándolo es característico de síntomas de amor. Estos síntomas que son como granos de arena en el mundo del amor deberán ser utilizados día a día para la edificación y sustento y vida del prójimo.

Porque a eso hemos sido llamados a amarnos unos a otros porque un bloque o un ladrillo no se construye con un solo grano de arena. Además necesita de otros ingredientes y procesos para luego ubicarse en la parte de la edificación correspondiente. Porque Dios nos ha llamado a edificarnos unos a otros.

Si nosotros vemos el *odio,* como un terreno abandonado, cubierto de rocas, piedras, basura, árboles caídos y secos. Árboles verdes que con sus raíces dañan la tierra imposibilitando el buen uso y desarrollo del terreno para el beneficio de todos. En adición lleno de espinos y abrojos, no estamos lejos de la realidad. Porque aunque no se pudiera sembrar porque el terreno no es para la siembra, su limpieza haría de este terreno uno hermoso. Para contemplar la belleza que Dios, ha hecho, porque uno de los efectos del odio, es que esconde la belleza que Dios, ha puesto en nosotros.

En una entrevista que tuve la oportunidad de ver, le hacían varias preguntas a una mujer que en sus 20 años mató a dos hombres bajo los efectos de las drogas, tomó una escopeta ellos pasaban y al azar les disparó matando a dos y dejando al tercero ciego. En la entrevista ella se nota, se ve y se siente arrepentida de lo que hizo y además de pedir perdón con lagrimas en los ojos, no puede cambiar el hecho de lo que hizo. La entrevistadora, le dice que el solo uso de la droga no era causa para ejecutar tal acción de violencia matando a dos hombres, que ni conocía, ni había nunca visto, y que tenía que haber algo más, y le pregunta, ¿Cual era la razón por la cual ella había actuado de esa forma? En respuesta ella contestó que ella se odiaba a sí misma. El odio tiene muchas caras. Pienso que toda persona que odia al prójimo se odia así mismo porque es un reflejo de lo que hay en el corazón. Ahora en su realidad y con su cruz ella arrepentida entiende el mal que hizo y el amor de Cristo. Porque detrás de las rejas ahí Dios, la alcanzó y ella, perdonada por Dios ruega por el perdón de las personas que por su odio marcó, matando. Porque cuando se odia no se puede amar al prójimo como CRISTO nos manda.

Hace muchos años tal vez más de dos décadas estaba a mi lado una hermana y esta lloraba compungida y en mi corazón yo sentí que ella lloraba por perdón, pero la hermana estaba convertida y sirviendo al señor, yo la miro y le digo hermana Dios, ya te perdono, entonces nos volteamos y nos abrazamos confirmando ese hecho. Porque Dios, ya hizo lo que solo él podía hacer limpiarnos de nuestros pecados por su sangre. El perdón es un asunto de arrepentimiento real el cual Dios, no resiste porque esa es su naturaleza amar y perdonar. He igual debemos nosotros dar primero perdón y recibir el mismo cuando se nos pida que perdonemos.

Hermano, ¿Sabes cual es la distancia que hay entre el amor al odio y/o entre el odio y el amor? Esta distancia será para ti, tan larga o tan corta dependiendo como tu lo decidas. Y el tiempo en el recorrido, será hasta que tu traigas a tu vida el *perdón*.

Si se le fuera a poner un apellido o segundo nombre a esta persona de la Trinidad, es decir al hijo, *porque Dios, es amor,* le pondría *perdón. P*orque en esta vida no puede haber *amor,* si en nosotros no esta el perdón presente. Porque cuando el *Amor,* estaba siendo crucificado, Cristo, oraba; *"padre perdónalos porque no saben lo que hacen". Entonces hermanos, si en la cruz está la máxima expresión del amor de Dios rogando por perdón, entonces que nos quiere decir esto, sino que vayamos nosotros y hagamos lo mismo. Porque el Apóstol Pablo, dice que con Cristo estamos juntamente crucificados. Y eso quiere decir que esta condición de estar en la cruz, es para nosotros, los cuales estamos muertos a la carne. Tenemos que perdonar como Él perdonó, y amar como Él amó. Por eso Cristo, le dijo al intérprete de la ley cuando le exponía la "parábola del* *buen samaritano" que fuera él e hiciera lo mismo. Porque hermanos en el __perdón__, ahí si que hay amor, misericordia y bendición de Dios, porque esta es la gracia que Dios nos ha dado en Cristo Jesús.*

Cuando perdonamos surgen efectos en nuestras vidas de bien, que fortalecen nuestro hombre interior. Nuestro espíritu se acerca más a Dios, porque comenzamos a entender el mensaje del amor, el mensaje de la cruz, el mensaje de Cristo. En el perdón, hay un proceso espiritual con unos efectos hermosos en nuestras vidas cuando lo damos y lo recibimos. Pero es mejor dar que recibir, ¿no fueron palabras de Cristo?, esto de dar o recibir nos hace crecer como ser humano, para adelantar a la altura del carácter de Cristo.

Sería imposible aspirar a tal nivel de vida en Cristo, si no media o esta latente, diariamente en nuestras vidas el perdonar. Cuando perdonamos el odio se va ablandando y el terreno se va nutriendo y abonándose de ricos y necesarios ingredientes. Estos ingredientes impregnaran de vida y harán germinar en su tiempo el fruto que se ha sembrado como resultado del perdón, amor.

Aquí detallo en este acróstico algunos de esos nutrientes que como consecuencia del perdón provocarán una relación íntima de tu espíritu con el de Dios. Abonando esa tierra árida, seca, dura, pedregosa y maltratada que es el corazón, áspero y endurecido. Y que a través de estos nutrientes y el agua de vida podamos ser *regadores de abono,* del amor de Dios, que es en Cristo Jesús, señor nuestro. Entonces los frutos como consecuencia de ese amor de Dios, que se ha sembrado a través de la esperanza en nuestras vidas, como la paciencia de Dios, con nosotros. Y en el tiempo señalado por este comience a reverdecer en frutos de esperanza:

Acróstico

P - paz	—	piedad
E - esperanza	—	espíritu
R - renacer	—	redención
D - dar	—	dádiva
O - olvidar	—	ofrenda

N - nacimiento   —   negarte a ti mismo
A - amar   —   arrepentimiento
R - renovación   —   reposo, reposar

"Entendiendo el verdadero amor"

Estando siendo edificado por una hermana, mientras esta predicaba sobre el amor, por una experiencia que ella vivió, la cual ha venido a ser parte de su testimonio de vida. Comprendiendo ella, hasta donde Dios, le ha permitido entender por el momento. De los asuntos que no podemos entender por la profundidad de su inmensurable amor.

Su papá murió cuando ella tenía 7 años de edad, su mamá se volvió a casar, cuando ella tenía 12 años. Su padrastro fue un hombre muy duro, egoísta y abusivo verbalmente. Sus dos hermanas como consecuencia del maltrato a la que estaban siendo expuesta se fueron muy temprano de su casa. Una tenía 12 años y la otra 15 cuando decidieron irse, por su mala relación con su padrastro, por los constantes abusos.

Ella decidió quedarse hasta los 18 años, cuando se fue a estudiar a la universidad. Cuenta la hermana que vivir con el padrastro por esos años fue muy difícil, pues se habían abierto muchas heridas en su corazón.

Y aunque a los 17 años se había convertido, teniendo un encuentro con Dios, entregándole al señor toda herida y perdonándolo pensó ella, que todo estaba sanado. Esta hermana cuenta que ella pensó que podía amarlo como Dios la había amado y perdonado a ella. Pero pasaron muchos años para que ella se diera cuenta de un suceso en su vida que la haría entender su nivel de amor para con el prójimo.

Hacia ya un año que el señor, le venia hablando de cuan diferente es el amor de El, comparado con el amor nuestro. Nuestro amor o el amor humano espera siempre algo de vuelta; ama a los que le aman, es bueno con los que son buenos con uno decía ella. El amor humano espera ser amado de vuelta y es hasta social, sirve a los que siente ser merecedores de nuestro tiempo y servicio. Pero el amor de Dios, es diferente, Dios ama sin esperar nada a cambio, y nosotros sabemos que el nivel de nuestro amar no está a su altura, a la de Cristo, el cual es nuestro modelo.

El amor de Dios, es diferente el siempre ha amado primero. El ama esperando de ti, que algún día lo ames como él te amó. Con todas tus fuerzas, con toda tu alma y con todo tu corazón. Pero tenemos que entender que Dios, sabe hasta donde son nuestras capacidades porque el es Dios.

Así que esto del amor en cada uno es relativo, aunque es imperativo o necesario que lo amemos para poder ser obediente a su llamado de amar al prójimo. Pero ese nivel del amor, que te amen sin que tu hallas tenido la oportunidad de amar como el ladrón en la cruz, realmente es un regalo. Mas sin embargo el amor de Cristo, lo salvo eso si es amor. Ese ladrón no tuvo la oportunidad de amar, solo de arrepentirse y reconocer que Cristo, era Dios, en la cruz con el.

Continuaba la hermana diciendo que este amor es uno que ama a los que son malos, sirve a los no merecedores como nosotros. Dios, le habló de conocer su amor, de su altura, anchura, lo largo y profundo del amor de Él. Ella pensaba que como cristiana, de más de 40 años sabia lo que era el amor de Dios, que tenía y conocía ese amor. Ciertamente Dios, estaba queriéndola llevar a aguas más profundas de su amor, niveles en el amor de Dios.

Como Dios, es de perfecto orden aunque no lo entendamos, esta hermana tuvo que viajar a P.R, a cuidar de su mamá y del padrastro. Por todo un mes la hermana tuvo que atenderlos pues estaban muy enfermos y como toda buena cristiana, fue con mucho gusto a cuidarlos. Por todo el mes tuvo que limpiar, cocinar, llevarlos al hospital, además de hacer todo para ellos.

El servir a su mamá, cuenta ella fue muy fácil, no le importaba ni le molestaba hacerlo todo para su madre. Pero la realidad era que su padrastro, estaba mas enfermo que su madre. Cuenta ella que casi no se podía levantar de la cama, y que el necesitaba más atención que su madre razón por la cual ella había viajado. Ahora bien la situación era de cuidado porque su padrastro no dormía más de 1 a 2 horas corridas en las noches. El no podía bañarse, hacia sus necesidades básicas en la cama. Cuenta ella que tenía que cambiar sus pañales de 4 a 6 veces al día, además de limpiar todo lo que ensuciaba ropa de cama, etc.

Tenía que levantarlo, bañarlo, vestirlo, prepararlo para llevarlo a las citas médicas. Cortarle las uñas y todo lo que hay que hacer en una persona que no se vale por si mismo. En las noches, ella no dormía. Su padrastro se la pasaba llamándola para que lo atendiera cada hora y todo esto por un mes. Pero Dios, estaba en ese asunto, poco a poco la hermana se fue dando cuenta que ella hacia todo con mucho amor para su mama. No le importaba hacer lo que fuera, pues para la hermana era un placer ayudar a su madre.

La hermana testificaba que se dio cuenta que no sentía lo mismo cuando servia a su padrastro. Ella le preguntó a Dios, ¿Porque?. Cuenta la hermana que nunca había orado tanto en su vida, entonces Dios le comenzó a hablar; *"ámalo como yo lo amo, con mi amor, amor que sobrepasa a todo conocimiento."* Entonces se dio cuenta que ella no estaba amando como Dios ama, que su amor era muy poquito y exclusivo. Que solo amaba a los que la amaban y los que le parecían dignos de su amor (esto es amor condicionado). Continuo orando mas a Dios, y le pidió que la llenara más de su amor para con su padrastro.

Testifica la hermana que fue algo tremendo, y que comenzó a servirle con el amor de Dios. Se levantaba en las noches a limpiar todo lo que el ensuciaba, a bañarlo y cambiar su paños. Ya no era para ella difícil pues el amor de Dios, la había cubierto, llenado, saturado. Comenzado amar con el amor de Dios, lo podía tratar con la misma ternura y amor que lo hacia con su madre, sin ningún problema, queja o resentimiento.

La hermana testificaba a la iglesia que terminó el mes con una tremenda victoria. Porque ella tuvo un re- encuentro no con Dios, sino con la revelación del amor de Dios para con su vida con el prójimo. Porque muchas veces pensamos, que no tenemos que ser confrontados con nuestras realidades. Pero con el amor que Dios, confrontó a Pedro, cuando este le negó así Dios, nos ha de confrontar. Dándonos la oportunidad, de ser corregidos, por el entendimiento del conocimiento de Dios, en Cristo Jesús. Por eso dice; Porque habéis muerto, y vuestra vida está escondido con Cristo, en Dios. (Colosences 3:3)

La victoria de esta amada hermana estuvo, no en el atenderlo y limpiarlo y cambiarle los paños que en la noche mojaba. Su victoria estuvo en poder entender el conocimiento del verdadero amor de Dios. De poder entender cual es nuestro llamado de amar, de poder entender y comprender la grandeza del conocimiento del amor de Dios. Porque la acción de atenderlo y limpiarlo entre otras cosas ella ya lo estaba haciendo, pero el amor con que lo hacia, no glorificaba a Dios, no era alabanza para Él. Entonces el nivel del conocimiento del amor de Dios, al que ella llegó, es la victoria que realmente ella obtuvo, llevándola Dios, a otro nivel del amor de Él. Porque fue derramada gracia en amor para su padrastro, ya que muchas veces necesitaremos ir no una milla, sino dos con el prójimo. Pero tenemos que pedirle a Dios, para poder hacer su voluntad en la medida que Dios, nos demanda para seguir creciendo en amor.

Cuenta la hermana que entendió que el amor humano es muy limitado y que Dios, nos ha llamado a amar como el ama. Le mostró que muchos cristianos no pecamos con grandes pecados como adulterio, homicidios, robos, etc. Pero pecamos de falta de amor hacia el prójimo y que esa, puede ser la caída de muchos hermanos, no amar a Dios sobre todas las cosas y al prójimo como a si mismo.

La falta de la práctica del amor en los hermanos dentro y fuera de la iglesia es una de corregir. Tenemos que poner el amor de Dios, por obra *porque amados, el amor que salva será el mismo que nos ha de condenar.* La falta de amor obrará en contra tuya para con Dios porque el señor nos ha hecho un llamado de amar. Esto es lo que yo llamo el llamado **sordo de Dios**.:...

EL LLAMADO SORDO DE DIOS

La Biblia está llena de llamados, algunos son generales, otros son específicos. Hay llamados que son para comisiones especiales y llamados que son eternos, todos son importante para Dios. Y lo deben ser para nosotros que habitamos con Cristo en Dios.

Hay llamados de Dios, que fueron desde el vientre, escogidos y santificados con llamado y misión a ser su voz como en el caso de (Jeremías 1:4). Dios, ha ido haciendo llamados, porque aún no hemos sido transformados, a su imagen y semejanza en su eternidad, como es nuestra esperanza.

Hay llamados en la Biblia, que son como digo "*llamados sordos*", donde no hay un llamado audible de Dios como en otros casos.

Si vemos en la vida de José de Egipto, no hubo un audible y claro llamado de Dios. Ahora bien, este varón fue, maltrato y abusado injustamente encarcelado. Solo tenía para sí, su temor y confianza en Dios (fe) además de los dones que Dios, le había dado de interpretar sueños y administrar bienes.

José, tuvo un sueño cuando joven, de unos manojos o espigas que estaban a su alrededor y se inclinaban delante de él. También soñó que el sol y la luna y once estrellas se inclinaban delante de él. Después que Dios definió todo lo que fue la vida de José, entendió el porque del todo y el propósito de preservación para vida del pueblo de Israel por Dios.

Hermanos el propósito y el llamado en esta historia de José, fue uno **sordo,** sin que mediara la voz de Dios. (Genesis 45:4-8). Tenemos que entender que cada uno de los llamados de Dios, ha sido una decisión por amor. Y es sumamente importante profundizar y tratar de comprender lo que nos sucede para entender, mejor las decisiones de Dios, sobre nuestras vidas.

Como la Biblia, está llena de llamados desde Genesis hasta Apocalipsis, y cada uno son diferentes en propósitos. Pero el fin es común, preservar a un pueblo con un llamado de parte de Dios. El llamado de Moises, fue el sacar un pueblo de la esclavitud a la tierra prometida, el llamado de Gedeon, fue hacer resistencia y luchar contra los enemigos y los contantes abusos de su pueblo por los Madianitas y Amalecitas (Jueces 6:3). El llamado de Abraham, sabemos que fue un llamado de fe y de dar conocer a Dios, cuando en la tierra los pueblos eran idolatras y no conocían a Jehová.

El llamado en Juan el Bautista, y el llamado que hace éste, fue para el pueblo de Israel, y es un llamado para arrepentimiento y bautismo en las aguas, para todo el pueblo. (Mateo 3:11)

El llamado de los Apóstoles, cuidadosamente escogidos por Cristo, fue un llamado al arrepentimiento, y bautismo. Para poder entrar a una enseñanza profunda de lo que sería el comienzo de una nueva etapa en el mundo. La cual estaría marcada por la reforma de el amor, revelado primeramente a sus discípulos.

Amados el llamado general y específico de la iglesia es y será el amar. Porque amaras al señor tu Dios, con todo tu corazón, con toda tu alma y con toda tus fuerzas y al prójimo como a ti mismo es un resumen del propósito de la palabra de Dios (Mateo 22:37-40).

Porque la palabra de Dios, dice: No debáis a nadie nada, sino el amaros unos a otros; porque el que ama al prójimo, ha cumplido la ley. (Romanos 13:8 RVR1960)

Ahora bien el amar en los Discípulos, como Cristo amó no se podía llevar a cabo hasta que; Cristo, fuera muerto en la cruz y resucitara. Pues Cristo, es la máxima expresión de amor, no podían amar como Cristo, hasta que el Espíritu Santo, fuera derramado. Luego de eso empezó haber una manifestación del amor de Dios, y de su poder juntamente en todo Jerusalem extendiéndose por todo Israel.

Porque este llamado de amar, es un llamado a los que recibimos la palabra de Dios, la creemos y la vivimos. Es un llamado general donde todo aquel que le recibe deberá ser lleno de su amor.

Porque el amor de Dios, es y será depositado por el Espíritu Santo, el cual provocará que amemos como el amó. Este amor fue con el que Cristo confrontó a Pedro, cuando le pregunto por tres ocaciones "Pedro me amas" si te amo, apacienta mis ovejas. Cristo le estaba diciendo a Pedro, ámalas como yo los he amado, cuídalas, guárdalas, protégelas, porque yo di mi vida por ellas.

Dentro del llamado general y especial que Dios le hace a su iglesia, hay otros **llamados sordos,** como el de Nehemías. Veamos parte de esta historia (Nehemías 1:1-11).

El oyó de la condición en la que estaba Jerusalem, se angustió y fue marcado. Sintió en su corazón la necesidad de actuar y hacer algo por la restauración de su patria.

Inmediatamente oró a Dios, pidiéndole dirección y su favor para su restauración. Pero fue Nehemías, quien se ofreció porque él entendía que debía hacer algo para restaurar la ciudad destruida.

Este llamado sordo en este copero del rey Artajerjes, es más que un sentir hermanos. Aquí está envuelta la ética y la moral, porque si yo veo una persona herida por el camino que voy, mi deber es ayudarle (**el buen Samaritano**) esto es un llamado sordo de Dios, donde lo que media, la razón principal es el amor.

El llamado sordo, es cuando no hay palabras audibles de parte de Dios pero; en tu corazón como en tu Espíritu, sientes la necesidad de hacer algo que tu sabes que es de parte de Dios. Es cuando tu sabes que es lo correcto y es tan fuerte ese llamado que tienes que rendirte a él." Es cuando no hay lenguaje, ni palabras, ni es oída su voz, pero por toda la tierra salió y hasta el extremo del mundo sus palabras"

(Salmo19:3-4).

Es la esencia de lo que hay en tu corazón que tu sabes que es de Dios y para Dios. Este llamado es uno a la prudencia espiritual, a la cooperación colectiva, a la unidad de la edificación y reconstrucción de lo que se pueda haber caído en tu iglesia. Es un llamado a cubrir las necesidades que tu sabes que hay y que están al descubierto; (hermanos, estas son las puertas quemadas y caídas de la iglesia) la necesidad no cubierta. ¿Dónde en el libro de Nehemias, Dios lo llama para decirle que regrese a Jerusalém, hacer lo que él hizo?

Si leemos el libro de Nehemias, nos daremos cuenta que había mucha gente, pero ninguno había hecho nada por la restauración. Más cuando este copero, vino con una visión de restauración, con madera, con herramientas, con equipo y con un llamado correcto marcado por la fe. Con el concepto correcto de edificar, lo que debe estar edificado, para poder vivir en los límites que Dios, ha marcado para su pueblo. Esto hará el cambio significativo donde quiera que estemos.

Porque el comenzar a trabajar primero va a traer como consecuencia que muchos se acerquen a trabajar. Entonces terminaras tu liderando la repartición del trabajo de reedificación que tenemos que levantar. (Nehemias cap.3)

Nehemias, entendió como Judio, lo que él podía hacer para aportar a la obra de Dios. Porque es sumamente importante que entendamos ese llamado sordo, porque la fe sin obras, es fe muerta.

Nosotros los que somos de Cristo, en las iglesias que él nos ha puesto tenemos que haber recibido ese" llamado sordo del amor de Dios".

Y dependiendo de la profundidad tuya para con Dios, será el amor que nosotros estaremos dando.

El llamado de las iglesias, hermanos es amar primero, porque sin amor no puede haber obediencia. Y luego trabajar en la edificación de todo lo que esta desordenado y vacío. Para llenarlo con frutos del amor de Dios, que es en Cristo Jesús, señor nuestro.

JESÚS CONFRONTA A PEDRO CON AMOR
(Juan 21:15-19)

Cuando Jesús, se le aparece temprano en la mañana, por tercera vez junto al mar de Tiberias, esperándolos en la orilla para desayunar con siete de sus discípulos, siendo aquí que Cristo, confronta a Pedro, en amor y con amor. Teniendo un diálogo profundo, utilizando el amor como la base de la conversación.

En ningún momento se habla de la negación de Cristo, por parte de Pedro. Hecho que fue expuesto por Cristo, delante de los discípulos en la última cena, y por esto no dejó de ser un asunto privado entre Cristo y Pedro. Porque cuando ese hecho sucedió cada cual estaba por su lado huyendo y escondidos, mientras Cristo, estaba siendo crucificado.

Ahora bien, ¿Con qué comenzó Cristo, la conversación con Pedro, cuando hubieron comido? Jesús dijo a Simón Pedro; Simón, hijo de Jonás, ¿me amas más que éstos? Le respondió: Sí, Señor; tú sabes que te amo. Él le dijo: Apacienta mis corderos (S.Juan 21:15). Bueno aquí hay un caso de comparación en la pregunta de Cristo, cuando le dice "*más que éstos*", refiriéndose a sus compañeros discípulos como él. Recordemos que este Pedro, se había llenado la boca desciendo que se mantendría junto a Cristo, aunque todos lo abandonaran. (Mateo 14:29,31)

Pero la contestación de Pedro, fue *"tu sabes que te amo"*, no le contesto *"más que estos"*. Porque el amar, además de ser una decisión es y será un reto que exige de nosotros verdadera entrega y de un nivel de amor y relación mayor en comparación a los demás. Donde el morir es parte del asunto. Pedro dejó a un lado la frase *"más que estos"* y utilizó, *si señor tu sabes que te amo.*

Cristo, confrontando a Pedro, con el amor para poder sacar de lo más profundo de su corazón lo que él, sabía que había. Lo cual podría ser el lograr la humildad necesaria en el corazón de Pedro, como propósito principal de esa conversación.

Sólo así Pedro, el que habría de ser Apóstol, podría cargar su cruz y entonces poder seguir a Cristo como él, le dice al final de la conversación, *"sígueme"* (Juan 21:19). Porque solo así Pedro, podría realmente liderar como sucede con la venida del Espíritu Santo, en el día de Pentecostés, en Hechos de los Apóstoles. Porque en nuestra realidad (nuestra cruz) es donde realmente Dios obra en nuestras vidas. Porque el ser sinceros con Dios, es y será parte de nuestra realidad en nuestras vidas.; *"si señor tu lo sabes todo".*

Pienso que el propósito de Dios, en Pedro, era el llevarlo a la humildad con amor y que él pudiera reconocer esa humildad en su vida.

El nivel del amor de los discípulos, era de todos el mismo excepto, Juan, su discípulo amado. El cual estuvo presente con la madre de Cristo, mientras estaba siendo crucificado. Y al cual CRISTO, desde la cruz le dirigió unas palabras.

Para amar de la manera que Cristo, le está diciendo a Pedro, que es *"Agapâis"*, pienso que hay que estar lleno de *amor. Además de* estar bautizado con poder del Espíritu Santo, el cual nos ayudará amar como Dios nos requiere. Ya que nos llenará del amor excelso y consagrado con el cual Cristo, le preguntó a Pedro, que si lo amaba.

Cristo, le pregunta a Pedro, lo siguiente; *Simón hijo de Jonas, ¿me amas más que éstos? (Juan 21:15)*

(*Agapäis me pleon touton*), esta palabra *Agapâis* en el griego significa un amor mas excelso y consagrado. Entonces la respuesta de Pedro, fue si señor tu sabes que te amo, pero no utilizó la expresión "*más que estos*" sino que le dijo "*te amo*"(*philö su*) el cual en el griego es un amor como para un amigo.

¿Me amas?

(*Agapâis me*) Entonces Cristo, que lo sabe todo le pregunta la segunda vez, pero dejando a un lado las palabras (*pleon toutön*) más que estos, retando a Pedro, con su nivel de amor expresado a Cristo, ubicándose y bajando entonces al nivel de Pedro. Cristo, le pregunta por tercera vez:

Simón hijo de Jonas,

¿me amas?

(*Philö me*) En esta ocasión Cristo, utiliza la palabra *phileö* y lo reta con el amor en tres ocaciones a que sea una expresión del amor de Dios en su vida. (*apacienta mis ovejas*) El sentimiento de tristeza de Pedro, luego de las tres preguntas con relación a que si lo amaba o no fue lo que Cristo, utilizó para sanar la deuda de amor por parte de Pedro. Porque en la confusión de este, él no sabía cual era su nivel de amor a Dios. Pues lo había negado, hasta que fue confrontado y entendió su nivel de amor para con Cristo, y lo aceptó.

La tristeza de Pedro, viene cuando él entiende que su amor para con Dios, no era a la altura que él creía, y que no amaba tanto como él decía, y que le faltaba mucho camino por recorrer.

La expresión de apacienta mis ovejas y corderos dichas a Pedro, por Cristo, es un llamado de amor no solo a Pedro, sino a la Iglesia. Es un llamado de hacer y amar como Cristo, hizo y amó. Por eso al final de la conversación de estos versículos (Juan 21:19) lee al final que Cristo, le dice *sígueme*. Pero con los términos que hablamos sobre el amor, donde tu no te vas a vestir sino que te van a vestir. Donde tu no vas a ir sino que te van a llevar, donde vas a levantar las manos y te va ceñir otro. Porque no va a depender de ti sino de mi (Jesús).

Luego de la venida del *Espíritu Santo,* vemos como los Apóstoles, así como el primer mártir Esteban, que aún cuando moría oraba a Dios, como Cristo, en la cruz. Que no le tomaran en cuenta ese su pecado a los que lo estaban apedreando. Porque hermanos la expresión del perdón es una de verdadero amor porque este tiene su precio.

Entonces cuando fueron todos llenos del *Espíritu Santo, ahí fueron fortalecidos y afirmados en el verdadero amor de Cristo, el cual es el amor del perdón.* *Nunca antes se había expresado* el amor de esa manera a partir de ahí, en los creyentes. No podemos amar a tan grande escala si el *Espíritu Santo,* no deposita en nosotros tal amor, como el amor con que Cristo, le preguntó a Pedro, que si lo amaba (¿más que estos?) *pleon toutön.* Este es el caso de cada uno de nosotros para con Cristo, en nuestra intimidad. El conocerle he intimar con Dios, es el tener una comunión más profunda con Él, donde se nos exige cada vez más que nos acerquemos a Él.

Es una relación de seguir sus pisadas como luego dice Pedro, es un seguir que reta a cada uno de nosotros, porque sabemos cuál será el resultado. Será morir día a día en la cruz de nuestra vida, morir porque solo así daremos frutos, abundantes frutos. Porque como Cristo, murió por amor, nosotros debemos de morir por amor siguiendo así sus pisadas. «Pues para esto fuisteis llamados; porque también Cristo padeció por nosotros, dejándonos ejemplo, para que sigáis sus pisadas;» (1 Pedro 2:21).

"DIFERENTES PARTES PERO EN AMOR"

La fe, el fuego y el amor

El amor de Dios, se ve en el cuerpo, que tiene sus diferentes partes, funciones y responsabilidades. Además de ubicaciones dentro del mismo cuerpo, unidos entre sí por sus ligamentos y coyunturas. Pero espiritualmente nos unimos por los fundamentos, porque si éstos fueran quitados que ha de hacer el justo (Salmo 11:3). Fundamentos como lo son el amor, esperanza y fe. Los cuales si nosotros nos dejáramos llevar por tales fundamentos no tendríamos mayores problemas en la ejecución por la obediencia de su palabra. La cual deberá estar escrita en nuestros corazones por el Espíritu de Dios.

Recordemos que sin amor, no puede haber obediencia la cual dará los frutos que primeramente Dios, espera como producto de nuestro sometimiento en amor. Porque la fe es por amor el cual obrará en favor de la unidad del cuerpo de Cristo.

Este cuerpo deberá estar bien unido y concertado entre sí por la cabeza, la cual es la parte principal del cuerpo, el cual es Cristo. Es ahí en la mente, *donde se originan las ideas, los mandatos y comandos los cuales serán dirigidos a todas las diferentes partes del cuerpo,* y el Espíritu Santo, haciendo la obra. Este concertará, coordinando y ejecutando todas esas diferentes partes, las cuales se suponen armoniosas. Para que por la ordenada función en unidad, en visión y en propósito podamos hacer para lo cual Dios, nos ha llamado, *ganar almas para su reino, amarlas y edificarlas en su palabra.*

De la cabeza a los pies y de la mente al espíritu en la unidad por el llamado de Dios, en Cristo Jesus. Entonces en nuestro interior a través de los ríos de agua viva, saldrá lo que se ha acumulado producto de un corazón (es) sometidos bajo la voluntad de Dios, en su hijo. Y si está en nosotros, como producto de eso nuestra boca hablará, nuestros hechos testificarán, y nuestra vida en el cuerpo, le dará primero a los del cuerpo vida. Entonces la función que nos fue encomendada en la parte del cuerpo que fuimos puesto siempre será de bendición. Porque cumplirá para lo que fue ordenado, *edificar.*

Al hacer lucir el cuerpo de Cristo, por nuestro testimonio de vida, trabajo, sometimiento, humildad y verdad venimos hacer cartas abiertas. Cartas que puedan ser leídas primero, por los del cuerpo fortaleciéndolos, y segundo, para los de afuera como testimonio del cuerpo fortalecido (*iglesia*) y tercero que debería ser el primero, obrará para testimonio de Cristo, al mundo como alabanza a Dios.

¿Pero como podemos venderle al mundo que anda buscando paz, gozo, seguridad, amor...al Dios, no conocido por ellos? Y que nosotros amamos, y si nosotros como el cuerpo de Dios no lo sabemos manejar, para venderle al mundo al Dios vivo que habita en nuestros corazones. Entonces debemos como iglesia buscar estrategias, formas y maneras de implementar técnicas para poder ser más eficientes a la hora de pescar hombres. Cristo cuando llamó a los Apóstoles, algunos era pescadores y les dijo "los haré pescadores de hombres." Es necesario ser obediente a su palabra y bogar (remar) mar adentro pero con Cristo, en la barca para que nuestra pesca sea efectiva, porque es y será en su palabra. "Respondiendo Simón, le dijo: Maestro, toda la noche hemos estado trabajando, y nada hemos pescado; mas en tu palabra echaré la red. Y habiéndolo hecho, encerraron gran cantidad de peces, y su red se rompía." (S. Lucas 5:5-6 RVR1960).

Hay un mundo de personas que tienen fe, para comprar a Dios, sí para comprar a Dios. Porque en los asuntos espirituales no se compra con dinero, ni oro, sino con fe.

En (Isaías 55:1) dice; "A todos los sedientos: Venid a las aguas; y los que no tienen dinero, venid, comprad y comed. Venid, comprad sin dinero y sin precio, vino y leche". Lo que podemos ver, es pasajero y en el reino de los cielos, que nosotros como miembros activos estamos viviendo lo hacemos en su palabra y se compra con fe. En el mundo o afuera de las iglesias, hay mucha gente de fe, *la cual es por amor.*

¿Entonces queremos ser buenos vendedores del mensaje del amor de Dios, en Cristo, al mundo? debemos cuidar el testimonio de la iglesia. Porque los que en ellos hay, que son de Dios, pero que no le conocen, y para que le acepten, le reciban, le compren, entonces nosotros la iglesia debemos de concertarnos, y dar frutos dignos. Debemos ubicarnos y ordenarnos, bien fuerte en unidad, en propósito, y en visión, sometiéndonos unos a otros, lo cual nos llevará al gobierno celestial. Porque si Cristo, verdaderamente esta en nuestros corazones el Espíritu Santo, deberá estar escribiendo en cada uno de nosotros *cartas, l*as cuales deberán ser leídas.

Y si la palabra de Dios, está escrita en nuestros corazones por el Espíritu, no se supone que seamos carga, tropiezo o estorbo, a los propósitos divinos. De los cuales estamos supuestos a ser partes **activas y edificativas,** porque en el Reino todos trabajan dirigidos por Dios, en el Espíritu.

Hermanos, busquemos un lugar solo, cerremos los ojos, meditemos y hagamos introspectiva (Salmo 4:4) "meditad en vuestro corazón estando en vuestra cama y callad".

Miremos en nosotros y tratemos de pesar nuestro corazón y en la noche cuando nuestras emociones se acuestan con nosotros. En la almohada, nuestra conciencia nos hará inquirir y rebuscando tal vez, encontremos verdades que no estamos viviendo. O faltas escondidas que debemos de enmendar corrigiendo, para que podamos realmente limpiarnos. Para así poder crecer, ya que en la palabra dice que el que está limpio, se deberá limpiar más. Así el Espíritu, tendrá espacio donde escribir en ti, la carta que de antemano ha querido escribir.

Pero debemos recordar que no es para que nos veamos lindos o bien formados como se hace en el mundo. Sino para que la obra de Dios, en mí armonice con la obra de Dios, en el prójimo que está junto a mí, en igual, mayor o menor espacio o lugar.

Dice en la palabra *"someteos bajo la poderosa mano de Dios y él os exaltará cuando fuere tiempo"*, esto habla de que esperemos en el tiempo de Dios, y que él es quien hace los cambios. Pero mientras esto sucede no podemos olvidar que estamos bajo autoridad. Y ésta deberá ser correspondida con obediencia la cual es parte y proviene por amor.

El amor, *recordemos que Pablo, dice que es el vínculo perfecto.* Porque el vínculo es una relación, unión, atadura, que no es material, la cual podría ser entre dos personas. Pero en el aspecto general habla de *sujeción* de unos bienes (en común). Y del ejercicio de ciertos derechos al goce de determinados sucesores, con la prohibición de enajenarnos (apartarnos). (es.thefreedictionary.com)

Es una unión inmaterial, es la esencia del mismo Espíritu, el cual se expresa en lo que conocemos como amor. Lo cual es espiritual, pero cuando se ejecuta en su acción los resultados se pueden ver, palpar, evidenciar, pero continúa siendo espiritual. Por eso la palabra dice; ¿quién nos separará del amor de Dios? ¿tribulación, hambre, persecución, muerte?, nada ni nadie nos separará de su amor. Porque el amor al igual que Dios, es eterno, y nosotros tenemos que llenarnos, si llenarnos del amor de Dios, por su Espíritu. Porque ese fuego del amor de Dios, ha de purificarnos y estando en ese fuego no nos consumiremos. Ya que como la salsa que ardía en el monte cuando Moises, estuvo y vio ardiendo el fuego y este no se consumía en sí. Pero consume impurezas espirituales, santificando todo el lugar donde se posa. Así es el fuego de Dios, por el Espíritu Santo, en nuestras vidas. Esta va consumiendo a medida que vamos creciendo y caminando en el fuego de su amor en Cristo. Y aunque nos duele esa acción será y es el resultado de su amor. El cual sobrepasa todo entendimiento guardando así nuestras mentes y corazones para el propósito de Él en nosotros el cual es vida eterna.

El bronce, la plata, el oro, por decir algunos no todos, en el fuego se purifican. Y ¿cuanto más nosotros?, que por la fe y el amor seremos igualmente consumidos. Para poder ser moldeados a la forma y manera que él nos requiera para luego brillar.

Porque somos la imagen y semejanza de Dios, pero aquí hay fe porque si somos su imagen y semejanza entonces

¿porque tenemos que ser procesados? Será que Dios, está hablando de fe en su creación. Es decir esa fe de Dios, escrita como parte de la realidad de Él en ti. La cual escribió y es el resultado antes del proceso, porque ese hagamos al hombre a nuestra imagen y semejanza está hablando del presente y del futuro. Futuro que Él nos dio por Jesucristo, *"y renovaos en el espíritu de vuestra mente, y vestíos del nuevo hombre, creado según Dios en la justicia y santidad de la verdad".* (*Efesios 4:23-24)* la cual es nuestra realidad espiritual y se acciona con una muy pequeña porción de fe. La cual irá creciendo según el fuego de su amor se vaya intensificando en nuestro hombre interior. Porque el fuego del señor me consume, pero dentro de nuestro hombre interior brotan ríos de agua viva. El fuego consume purificando mi vida, mientras que el agua limpia, lavando todo lo purificado. Ya que por fe vivimos, por fe somos transformados, por fe somos hechos hijos de Dios, entrando al horno de fuego como *Sadrac, Mesac, y Abednego.* Para ser consumidos, pero como en ellos el fuego de Dios, lo que hará será purificarnos aumentando nuestra fe. Aumentando nuestra confianza, aumentando nuestro testimonio, aumentando nuestro brillo, aumentando nuestra relación, nuestra dependencia, nuestras fuerzas, nuestra paz, en Cristo Jesús. Alejándonos mas del mundo pero, acercándonos más a Dios.

Entonces la fe, el fuego y el amor por el vínculo concuerdan y en el cielo; el Padre, el Verbo, y el Espíritu, son uno (1Juan 5:7). También en la tierra; dan testimonio; el Espíritu, el agua y la sangre, y estos tres concuerdan (1ra Juan 5:8).

A veces ese fuego, se intensifica porque mientras mas cerca estamos de Dios, es porque el nos lo requiera y sentiremos mas su fuego consumidor. Y en la medida que continuemos en su propósito Él nos continuará consumiendo es decir, nos continuará utilizando. Y te utilizará más a medida que continuemos en el fuego de su amor. Porque este es el fuego que nos renueva día a día en lo espiritual, aunque nos vamos desgastando en Él, en lo físico.

Su amor nos consume, sí nos consume, porque por ese amor no debemos descansar sino en Cristo. Sabemos que hay tanto por hacer y tantas almas que salvar y no entendemos ver las personas perdiéndose. Y nosotros sin ponernos de acuerdo estamos ayudando con nuestras actitudes que las vidas sigan confundidas perdiéndose.

Nuestra *pereza* espiritual, producto de lo que sea no abona en nada al amor de Dios. Entonces debemos limpiarnos para dar frutos y limpios daremos más frutos aún por amor. Porque en esa limpieza debemos permitir entrar a Dios y el Espíritu Santo. Para que así, pueda escribir en nuestras vidas ordenándolo todo. Y al igual que en el principio de la creación se ordenará todo lo desordenado y vacío que hay en nuestras vidas. Haciendo un trabajo creciente conforme a nuestra medida de fe, la cual deberá ir dando destellos de la obra realizándose por el Espíritu, en nuestras vidas por *amor*.

Entonces como Dios es amor y nosotros estamos en Él, por el amor que pone en nuestros corazones por el Espíritu Santo. De nosotros deberá salir toda esa virtud o bondad expresada en amor, porque en amor fuimos transformados en nuevas criaturas. Por amor nos movemos, vivimos y somos, donde el que no ama no ha conocido a Dios.

Porque amados para poder dar frutos del amor de Dios, tenemos que sembrar en amor. Para que ese fruto sea uno verdadero como lo es el perdón, el ayudar, edificar, enseñar, corregir, exhortar, soportar, esperar y todo aquello donde hay virtud y es digno de imitar.

Tenemos hermanos que morir en amor, para que ese fruto sembrado en mi por Cristo, muera en la cruz de su justicia. Para que la justicia de su amor, la cual es en misericordia produzca en mi frutos de vida eterna. Corona de justicia es el amar y ha de provocar en nosotros la obediencia de la palabra escrita por Dios, para bien nuestro.

También el amor provocará obediencia a los llamados específicos que Dios nos hace. Llamados para comisiones específicas, porque en ese fuego del amor de Dios, el ha de provocar santidad a través de la obediencia que proviene por amor. Y trae como consecuencia la fe y ésta nos ayudará a mantenernos firmes y enfocados en el propósito del amor de Dios. Y este propósito es amar a nuestro prójimo como a uno mismo. Y cuando como cristiano no obedezco este llamado, porque es un llamado a todo aquel que ha conocido a Dios.

Entonces por no recibirlo este llamado de amar, se constituye mi enemigo y de la vida de mi prójimo.

Porque este amor que nos da vida a través de Cristo, al no quererlo recibir, expresar, darlo por la gracia de Dios, como al pueblo de Israel, lamentablemente es y será enemigo en ti. Condenándote porque pudiendo amar no amaste, porque pudiendo perdonar no perdonaste, porque pudiendo aceptarlo lo rechazaste. Hermanos, el amor que nos da vida en Cristo, es el mismo que nos ha de condenar, al no quererlo recibir y vivir por él.

Porque Dios, nos dice lo siguiente: *Un mandamiento nuevo os doy: Que os améis unos a otros; como yo os he amado, que también os améis unos a otros. En esto conocerán todos que sois mis discípulos, si tuviereis amor los unos con los otros. (S.Juan 13:34-35).*

Pero amados, quien nos separa del amor de Dios, que es en Cristo Jesús,(Romanos 8:39). Tenemos que entender que el amor de Dios en Cristo Jesús, sobrepasa todo nuestro entendimiento, todas nuestras expectativas, toda nuestra imaginación. El amor es mayor y más poderoso de lo que nosotros podamos entender. Si realmente entendiéramos el verdadero amor estaríamos entendiendo la mente de Dios, en su totalidad ya que Él, lo llena todo. Nos sostenemos de su amor, donde quiera que estemos o podamos ir, Él gobierna. Porque nada, ni nadie nos podrá separar del amor de Cristo. Esto es para los que le **amamos,** para los que hemos recibido su **llamado,** esto es para los que nos hemos constituido por la fe en Cristo Jesús, sus **hijos.** De manera que Dios, nos tiene cubiertos y no hay nada que nos pueda separar de su amor. Porque lo queramos o no Él tomó, toma y tomará, decisiones por nosotros por amor, para salvarnos.

Pero tenemos que mantenernos creyendo, confiando, esperando, obedeciendo y trabajando mientras esperamos la manifestación de sus promesas a su pueblo.

No podemos apartarnos, separarnos, enajenarnos de él y menos darle la espalda haciendo los que algunos han hecho negarlo.

Así que debemos saber y entender este principio espiritual;(Romanos 8:28) *"Que los que **amamos** a Dios, todas las cosas nos ayudan a bien, esto es, a los que conforme a su propósito son llamados". Entonces hermanos cual es su propósito, sino el que* *nos amemos unos a otros como Cristo, nos amó. Porque amados; "En esto consiste el amor: no en que nosotros hayamos amado a Dios, sino en que él nos amó a nosotros, y envió a su Hijo en propiciación por nuestros pecados" (1 Juan 4:10).*

Porque el llamado de Dios, es el siguiente para la iglesia; Que lo amemos a él, porque amándolo a él por la obediencia amaremos al prójimo.

No olvidemos hermanos que hemos sido hechos, a imagen y semejanza de Dios. Él ha puesto esa esencia para amar en nosotros pero, es una decisión como la de Cristo. Muy personal y la cual nos ha de costar el morir. Amen.

Printed in the United States
By Bookmasters